I《アイ》モードの乙女たち

―― らぶ♥にまつわるヒミツとキケン

さいとうますこ

インターメディカル

はじめに——らぶ♥を知り始めたあなたに

ここ数年、週刊誌やテレビ、映画での性描写が過激になってきました。

電車の吊り広告にヌードやセックス情報のない日はなく、電話ボックスや立て看板にはテレクラやフーゾクのビラがベタベタと貼られています。性情報の氾濫は、大人ばかりか若い世代にも、お手軽な異性への接近を奨励《しょうれい》しているかに見えます。

「みんながやってるから、自分もなんとなく……」といって、愛に悩み傷つくこともなく、アッケラカンと経験組にエントリーしてしまう、たくさんのフツーの女の子たちがいます。

そのひとつの結果として、十代の人工妊娠中絶率《じんこうにんしんちゅうぜつりつ》と性感染症《せいかんせんしょう》の急激な増加という事実があるのは、とても残念なことに思えます。

セックスは、いくつかのトラブルをはらんだ行為です。しかもそのトラブルは、不公平にも、女性のからだと心に、より暗い陰を落とし、その後の人生に影響を与えることがあります。

しかしもし、十分な知識と自分なりの考えをもって、セックスを経験するならば、パートナーとの間に、もっといい関係をつくることができるはずです。

性というものは、生まれる前から、みなさんに備わっているものです。

若い人だけのものではないし、四十歳、五十歳、六十歳になってからも、長くおつきあいしていく大切な友人みたいなものです。そして、誰でもいつかは、自分の性と自分なりに向き合う日がやってきます。

お年頃のみなさんが、人を好きになり、ふれあうことは、人間として、とても自然なことです。ただの友だちではない、心もからだもふれあう関係を、この本では、「らぶ♥」という言葉で呼ぶことにしましょう。

らぶ♥を知り始めたみなさんは、たくさんのことを知っておかなければなりません。男の子の生理、自分のからだのこと、からだと心が互いに与えあう影響のこと、悲しい結果を避けるための方法……。

この本は、若い人たちが、自分の責任でらぶ♥を楽しむためのテキストです。読んだ人が、その人なりのらぶ♥に対する考えをもってくれたなら、もっと自分を大切にし、相手を尊重した生き方ができることでしょう。

平成十二年　八月　さいとうますこ

目次

Ⅰ　男の子解剖——お年頃モード

ヌードな体験　8
男の付属品　10
男はなぜ立つか　14
らぶ♥はレイプとはちがいます　18
「男が立つ」の意味　23
ハツジョーキクン　30

Ⅱ　女の子修行——乙女モード

プラトニック礼賛　36
気になるナイスバディ　41
若さの賞味期限　50
心の栄養と美しさの関係　54
ジリツスルナラ　62

Ⅲ　らぶ♥への旅路——親離れモード

お子様卒業　70
親がウザくなる季節　79
しない、するとき、すれば　85
ココロとカラダに、春　91
してしまってから、「しまった！」　94
「しまった！」は防げるの　102

Ⅳ　らぶ♥の正しい使い方——Ｉモード

失敗を親友にする　108
赤ちゃんはどこから来るの？　110
性の自己決定　116
大人を教育する　122
素敵な「私」モード　126

性の必修科目解答　139
主な性感染症とその症状　141

イラスト・安富佐織

Ⅰ　男の子解剖 ―― お年頃モード

ヌードな体験

ドイツで混浴

私は以前、ドイツに旅行したとき、かつてたくさんの作曲家や芸術家が滞在したバーデン・バーデンという有名な保養地に行ったことがあります。これは私にとって、これまで経験したこともない思いがけないできごとでしたので、みなさんにお話ししようと思います。

当時四十歳。サウナが大好きな私は、プールのあと水着のままサウナに入ろうとして、なんの気なしにみていると、いきなり女の人の裸が目に入りました。

「?」と思っていると、女の人だけではなく、男の人たちのヌードも目に入って……あらためてみまわすと、男女がおかまいなしに裸で歩いていることがわかりました。

サウナは六畳くらいの広さで、七、八人の人がくつろいでいました。老若男女、いろんな年齢の人がいました。みんな、すっかりリラックスして、オッパイやペニスをぷらぷらさせて平気でその辺を歩いているのです!

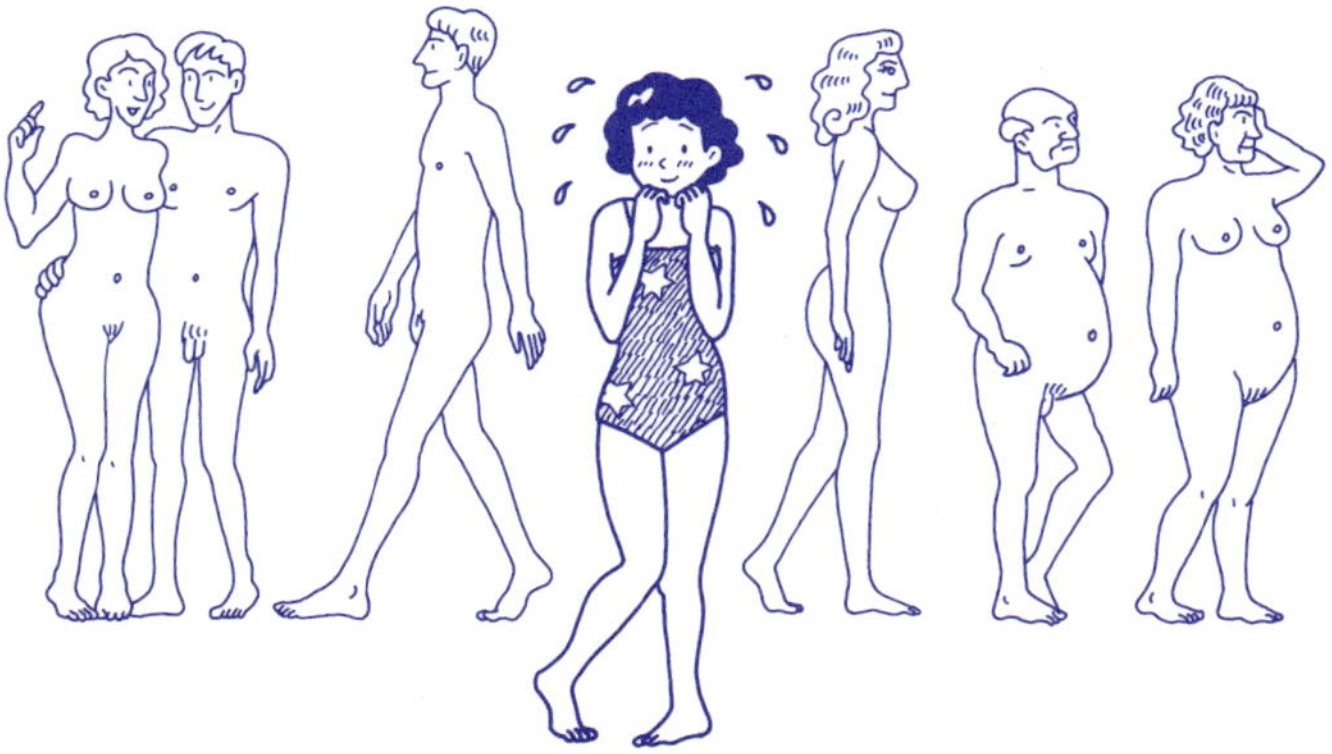

まるで大きな家族風呂にみんなで仲よく入っているみたい。

そんな場所で私が、「恥ずかしい」という感覚をもったと、思いますか？

もちろん、最初はちょっとドキッとしました。でも、入ってみたら、意外なくらい、誰もがリラックスしているので、いつのまにか、私も気にならなくなってしまったのです。

性器は目、鼻、口と同じ

ドイツという国の教育にもよるのでしょうか。

男も女もいろいろ別のものがついていることを、当たり前のこととして、誰もが受け入れているようでした。

そういえば、ビーチでは、あちらの女性はノーブラのことも多いときますから、男の人も女の裸くらいでは、驚かないのでしょうか。

目や鼻や口と同じだとでも思っているのか、少なくとも、そこで堂々と裸をさらしてサウナに入っている彼らにとって、そういった付属物の存在は、それほど気になるものでもなかったようです。

その証拠に、私がそれとなくいろんな男性のペニスを観察した結果、誰ひとり、勃起《ぼっき》してはいませんでした。ちょっと不思議な感じがしました。

●男の付属品

意志と無関係に「立つ」

ふつうに考えると、女性の裸をみれば、男性はドキッとするものだし、そのドキドキが勃起つきである場合も、当然たくさんあるはずです。

なぜって、男は、視覚、嗅覚、触覚などから性的な刺激が脳へ送られると、性的な空想がもわもわとわいてくるとともに、脳から「勃起指令」という指令が出て、自分の意志とは無関係に、反射的に股間《こかん》が固くなってしまう、少々不便な動物だからです。

もしも、十八歳の女の子四人組が、十七歳の少年を拉致《らち》してきて、身ぐるみ剥《は》がし、柱に縛《しば》りつけて、その前で、一人一人ストリップを始めたとしたら、おそらく彼の下半身は、彼の意志とは無関係に勃起してしまうことでしょう。

それに対して、女の子たちがいたずらしたとしても、みんなで結託《けったく》して、あとで彼を婦女暴行《ふじょぼうこう》で訴えることができないとはいえません。

拉致してきたのが四十歳のオジサンだったら？

身動きできないオジサンにむりやり性行為をしたとしても、未成年の彼女たちが泣き落として、レイプされたことにしたら、罪をかぶるのはオジサン……？

ここまでやらないにしても、最近では、罪もないオジサンを電車の中で「チカン」呼ばわりして、いじめている女の子もいるという話です。

マドンナには「立ってはならぬ」

今のは極端《きょくたん》な例にしても、男たちにとって、「女の子」という存在は、まぎれもない刺激物であることは確かです。

それも、女の子が「超カワイ～」と思って、キャミソールのような大胆なファッションをするからというわけではなく、男は、洋服の上からも、肩や胸や腰の丸みに、無意識にチラッと視線を走らせ、何らかの刺激を受けたりします。健康な男であれば、女性のボディラインに「全然興味なし」というのも、かえって不自然なくらいです。

スーパーモデル並みのナイスバディの女性が、香水の香りとともに満員電車でいきなり自分の前に乗りこんできたら、若い男の子なんか、ついビンビンになってしまうかもしれません。

誰がそれを責めることができるでしょうか。

その同じ男の子が、自分の好きな女の子に対して、性的なイメージをもつことは相手を汚《けが》すことだと感じたりもするのですから、男の子にもやはり、プラトニックラブへのあこがれはあり、なかなか複雑です。

「『いかにもセクシー』というグラビアのヌードにはコーフンしても、そこに自分のあこがれの清純可憐《せいじゅんかれん》なマドンナの姿がぱっと浮かんだら、突如『いかんいかん』と、正座するのが、われわれの時代の中学生の純情だった」

とは、知り合いの勝夫さん、四十八歳のコメントです。

「しかし、衝動そのものは、マグマのごとく噴《ふ》き出してくる」のでやっかいなのだそうです。

中には、箸《はし》がころんでも(?)なぜかビンビンになってしまって、自分は世界一のヘンタイではないかと思い悩む男の子もいます。きまじめな子ほど、勃起イコールなんとなく「イケナイこと」として、罪の意識を感じてしまうのでしょうか。

それでも大人になるにつれて、いろんな刺激にも馴《な》れ、自分なりにそれに対処する方法を覚えていきますが、これは本能をコントロールする大脳の新皮質《しんひしつ》の発達によるもので、大人の性行動は、ここで知性や理性のもとにコントロールされるのです。

しかし時には、自分の意志ではコントロールできないこともあるらしい。そしてどうやら、「立つ」ことイコール「その気になった」ということでもないようです。

男はなぜ立つか

ふれると立つ

看護学生時代、私は「男性器はふれると立つ」ことを、この手で知りました。

あるとき、事故で入院した患者で、自分の力ではオシッコができない男性に導尿《どうにょう》の処置をしていたのです。細いゴム製の管《くだ》を通して尿を出させてあげるのですが、そのために、どうしてもペニスにふれる必要があります。

看護婦という仕事は、入院患者のからだを拭《ふ》いたりして、男性の裸や性器をみる機会があるので、それほど驚くこともなく、仕事をするものです。

そのときは、気にもとめていませんでしたが、あとで考えると、その人は勃起していたようでした。一般的には、オシッコが溜《た》まっても「立つ」ものなんですが、そのときは、ごく単純に「ふれられた」ために、「立った」ようでした。

男性器は、通常、視覚《しかく》や聴覚《ちょうかく》などの刺激で性的に興奮すると、脳から脊髄《せきずい》を通って伝達される「神経」の指令を受けて、海綿体《かいめんたい》が充血《じゅうけつ》して固《かた》くなる（25ページ参照）のですが、性的興奮とは無関係に、機械的な刺激から脊髄反射《せきずいはんしゃ》で起きる勃起があるのです。

そういうしくみならば、満員電車で女性のお尻にペニスが圧迫《あっぱく》されて、自分の意志と無関係に勝手に立ってしまうことも、同情の余地があるかもしれません。

もちろんチカンが人間として恥ずべき行為であることは当然のこととして——。

さきほどの勝夫さんは、

「立ったとしても、数分たてばおとなしくなる。心理学的にも、雨だれのように単一の刺激は、眠けを誘うことはあっても、長時間『強い刺激』たりえない」

と、なんだか妙に学があるところをみせてくれます。

ですから、女の子がもし男の子の「勃起警報」を察知《さっち》できれば、襲《おそ》われないように手を打つことは、かなりの確率でできるはずなのです。

私にも、若い頃、男の人といて、あやしいムードになったとき、話題を変えて気をそらすことに成功した経験があります。

もしその人が自分にとって大切な存在であるならば、あるいは断固《だんこ》そういう状況を避けたければ、女の子たるもの、心してその程度の機転をきかせるべきではないでしょうか。

数学と勃起

私がとてもおもしろいと思うのは、まれにですが、勃起が、純粋に知的な興奮からも起こりうるということです。

こんな話を聞いたことがあります。ある数学好きの高校生の男の子がいました。彼は、ひとつの問題を解くにも、ふつうの人はしない高度な解き方でないと、満足しないというクセがありました。

ある日の数学のテストで——。

彼は問題をみて、明らかにある方法で解けるとわかりましたが、どうしてもその方法で解く気がしません。自分には、そこいらの高校生には思いもよらない、スマートな解法こそがふさわしい。

そこで彼は、頭が熱くなるほど真剣にそれを考えたそうです。

終了時間が迫って、ようやく自分の好みの方法で解くきっかけがつかめた。あとは猛然《もうぜん》と鉛筆を走らせるのみ。そしてタイムアップ——そのとき、彼は、極度《きょくど》の興奮のために、なんと数学の試験時間中だというのに、射精してしまったのですって!

この話を聞いて、皆さんは、どう思うかな？

「えっ？ 男の子って、エッチなことを考える時だけじゃないの？」

と、思いました？ そうなんです。ちょっとびっくりしますよね。

数学だけではなく、肉体を酷使《こくし》するスポーツや真剣勝負などで、いわゆる「ハイ」な状態になると、「立つ」ことがあります。何かをみたり聞いたり、考えたりすることが勃起につながるとは、男って、ずいぶん敏感なものですね。

ここでは、男の性機能に直接的に影響を与えるものが「神経の興奮」であることを覚えておいてください。女の子の性機能は、これとはちがって、「ホルモン」の影響を大きく受けていることは、あとでお話することにしましょう。

らぶ♥はレイプとはちがいます

なんとなく初体験

一九九九年の十一月から二〇〇〇年一月にかけて、(財)日本性教育協会が全国十二地点(大都市・中都市・町村各4地点)で行った調査によると、高校生の性体験率は、男子一〇八一人中二八七人、女子一〇九五人中二六〇人で、約四人にひとりに経験があることがわかりました。

　はじめてのセックスについて、主な動機は、男女ともに「好き」が一位で、男子では、「好奇心」「経験してみたかった」が高い比率

セックス経験率は?

	男子 1993年	男子 1999年	女子 1993年	女子 1999年
中学	1.9%	3.9%	3.0%	3.0%
高校	14.4%	26.5%	15.7%	23.7%
大学	57.3%	62.5%	43.4%	50.5%

高校生の「はじめてのセックスの動機は?」*
(複数回答)

	男子	女子
愛していたから	39.7%	38.1%
好きだったから	62.7%	72.3%
好奇心から	50.2%	30.8%
経験してみたいと思っていたから	60.3%	36.2%
遊び半分で	9.8%	5.0%
酒などを飲んで	6.3%	3.1%
友人に遅れたくなくて	10.1%	7.7%
ただなんとなく	12.9%	7.7%

高校生の経験人数は?*

	男子	女子
1人	46.7%	48.5%
2人	19.9%	17.3%
3人	11.5%	11.5%
4人	4.9%	4.2%

第5回「青少年の性行動」調査報告、日本性教育協会、2000年8月
*回答数＝男287人、女260人

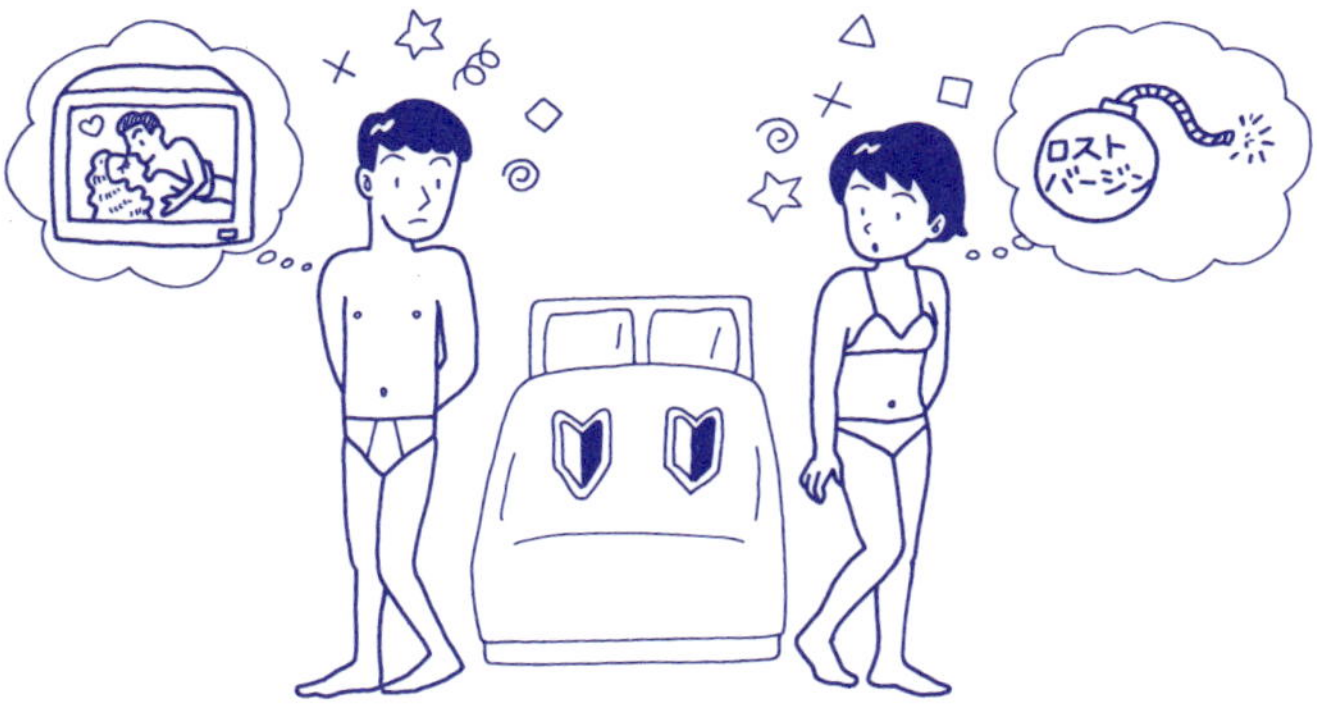

を占め、「愛」を大きく上回りました。女子では、「経験してみたかった」と「好奇心」が、「愛」と同じくらいの比率でした。

「友人に遅れたくなくて」「ただなんとなく」という答えも、男女の平均で一割近くありました。

みんな、とても正直ですね。深刻に悩んだ末の初体験、というよりは、案外こんなところがお年頃モードの現状なのでしょう。

「愛」より、あえて「好き」を理由にしたところも、高校生らしい感じです。

初体験の感想は、男女ともに六割以上が「経験してよかった」と答えており、その理由として「好きな人と深い関係になれた」（男女平均54％）、「相手から愛情を感じた」（同45％）のほか、「気持ちよかったから」が、男子に約54％あり、女子の約20％を大きく上回りました。

また、男子の約21％が、初体験を「大人の仲間入り」と認識していました。私は、セックスを経験するのは、「からだだけでなく、心も大人になってから」がいいと思っています。性とは、本来、神聖なものです。みなさんが、パートナーとお互いを思いやる心を育てる中で、自然に心もからだも裸になれれば、そこに新しい世界が開かれるのです。そのために、いろんなことを知っておく必要があると思います。

らぶ♥の責任

セックスによって、女性は妊娠の可能性があり、さらに、男女ともに性感染症にかかる可能性があります。知らないわけではないでしょうが、案外みんなそれを防ごうとしません。一九九九年一月に東京都幼・小・中・高・心障性教育研究会が行った調査によると、高校生で、はじめてのセックスで避妊をした割合は、男女ともに全体の半数を下回っています。二度目以降で必ず避妊を行う割合が30％を切っていることをみると、かなりテキトーにやっているという印象です。

楽天的というか、無謀《むぼう》というか、人生の大きな変化になるかもしれないことを、どう考えているのでしょう。万一妊娠したら、どうなるのかしら？

声を大にして言いますが、高校生に限らず、予期せぬ妊娠をして不利なのは、圧倒的に女の子のほうです。性感染症についても、からだへの影響は、女の子のほうが数倍深刻です。だからこそ、とくに女の子には、自分自身がハッピーになれないようならぶ♥を経験してほしくないと思います。レイプ以外の理由でセックスをしたとしたら、どんなに若くても、男女ともに対等な責任があるのです。

あなたが、自分で、そうしたのよ、ということ。

もちろん、好きな人からくり返し誘われて、「僕のことがキライなの？」といわれたら、受け入れてしまうのは、わからないでもありません。

でも、「あなたは好きだけど、今はまだしたくない」と正直に言って、十五歳から二十五歳まで、ひとりの男の子とつきあって結婚した女性を私は知っています。

きっと彼は、彼女のことを信じていたから、待つことがで

高校生と避妊

はじめてのセックスで避妊をした割合

男子	47.5%
女子	49.3%

二度目以降のセックスでいつも避妊をした割合

男子	26.8%
女子	22.6%

1999年調査「児童・生徒の性」（東京都幼・小・中・高・心障性教育研究会、学校図書）

きたのだと思います。

そういう二人って、素敵だとは思いませんか？

被害者にならないで

仮に心身ともに許し合った相手が、その後自分を相手にせず、別の子のところに行ってしまうとか、自分とのことを、おもしろおかしく他人に吹聴《ふいちょう》されたとしたら、なんとなく「被害者」のような気持ちになることもあるでしょう。

でも、大事なのは、あなたがどうしてもいやだったら、拒否できたはずだ、ということ。

あなたが、自分で、そうしたのだったよね。

力ずくで、というのならそれは強姦《ごうかん》（レイプ）ですが、納得のうえ、ということなら、愛があろうとなかろうと、それは、合意の上の「和姦《わかん》」ということになります。

スゴイ言葉だと思うかもしれませんが、裁判などでは、よく出てくる言葉です。

女の子が、レイプ以外で、ある男の子と、そのとき、そういう行為に及んだということが、まったく自分の意志とかけ離れたことだった、という人が本当にいるのでしょうか。

「単純勃起消滅説《たんじゅんぼっきしょうめつせつ》」を掲《かか》げるわが友・勝夫さん、四十八歳は、こういいます。

「男が仮に勃起しても、立ちっぱなしにはならない。『ひとたび立てば、是が非《ぜひ》でも射精せずにはすまない』ということは、現実には、ありえない。男子たるもの、理性的でありたいではないですか」

ですから、女の子が悲しい思いをしないためにも、「いやならNoと言える勇気」をもつべきです。

「立ちっぱなし」にした責任は、もしかしたら、あなた自身にあるのかもしれないのです。

「男が立つ」の意味

性欲がなくても立つ

おムツを替えるときの赤ちゃんをみて、男の子なら、可愛らしいおチンチンが一人前に「立っている」のを目撃したこと、ありませんか？

赤ちゃんですから、もちろんまだ性欲とは無関係の勃起です。

大人でも、適度にリラックスしていたり、ぐっすり眠っていたり、長いこと空腹だったり、おシッコがしたくなったり、ふれられたりすると、男性器は「立つ」ものなので、赤ちゃんの勃起も、この種の生理的なものだと考えられています。

これをみれば、生まれながらに、「立つ」ようにできているのが男なのだと、納得しないわけにはいきません。

逆に、満腹の時や入浴中、あまりにもリラックスしすぎているときは、勃起しません。

小学校四年生の弟がいる里子さんは中学一年生。

「ケンカのときは、アソコにケリを入れると勝てる」

というのですが、男の兄弟のいない朋子さんには、さっぱり意味がわかりません。

「すっごく痛がるの」といわれて、それでドッジボールのときや野球のときに、ときどき男の子が股間《こかん》を押さえて絶句しているのか、と、思い当たりました。

勝夫さんによると、「痛いのは、正確には、ペニスではなくタマのほう」で、「女性なら、骨盤《こつばん》の中にしっかり守られている卵巣に当たるものが男の睾丸《こうがん》。つまり、内臓を直撃される痛み」

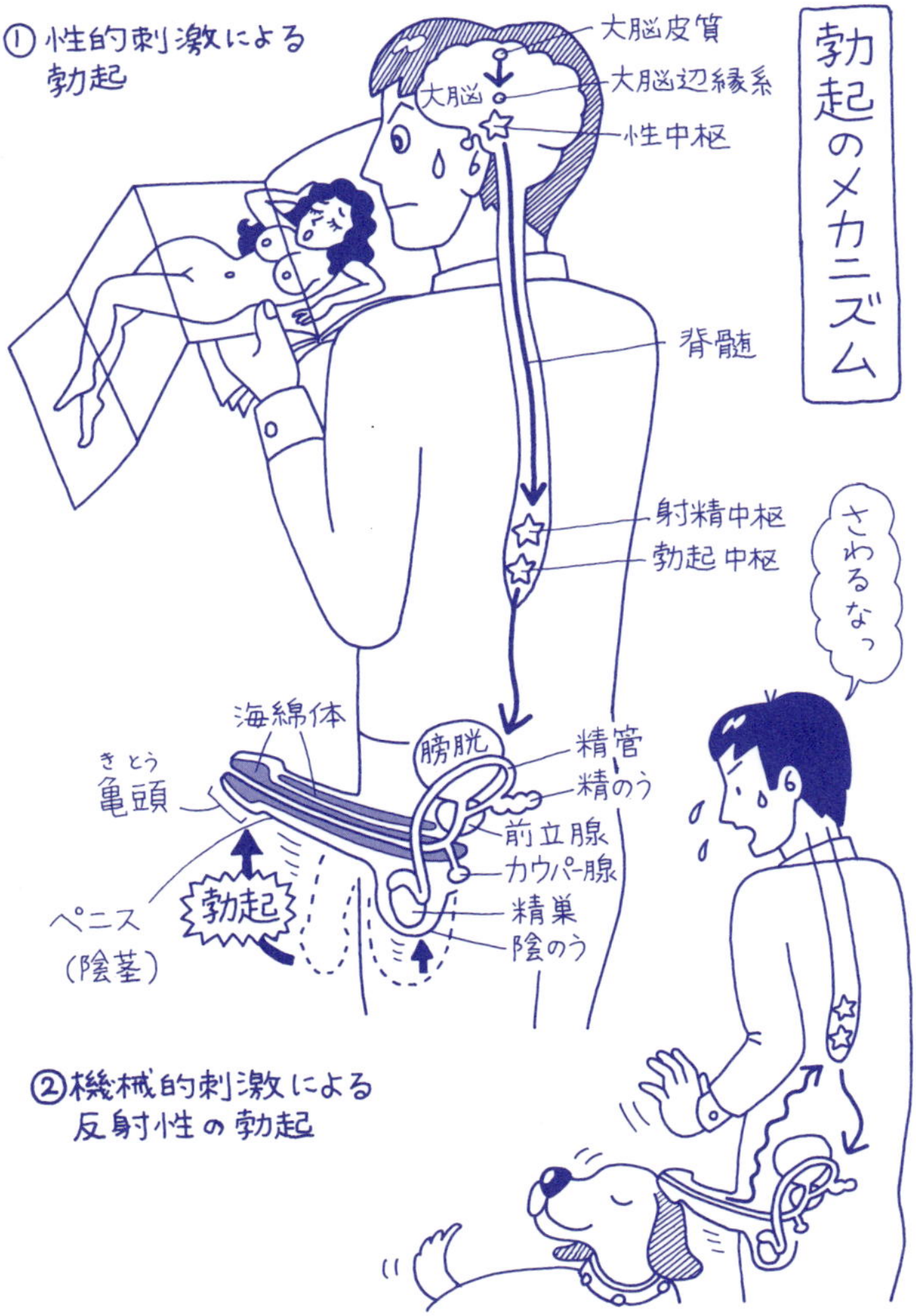
勃起のメカニズム
① 性的刺激による勃起
大脳皮質
大脳
大脳辺縁系
性中枢
背髄
射精中枢
勃起中枢
海綿体
膀胱
精管
精のう
亀頭《きとう》
前立腺
カウパー腺
勃起
精巣
ペニス（陰茎）
陰のう
さわるなっ
② 機械的刺激による反射性の勃起

なのだそうです。

だから、女性の護身術では、「暴漢の局所を蹴《け》り、その隙《すき》に逃げるべし」と、よくいわれるのですね。

アイデンティティとしての勃起

勝夫さんは、「勃起と欲情は別のもの」だと、まじめな顔で私にさとします。

欲情を「心臓がふだんより速く打つもの」と定義すれば、「すべての欲情はある程度の勃起を伴う」が、「すべての勃起が必ずしも欲情を伴うとは限らない」というのです。

それでも、朝、立つべきものが立っていないと（一般に、男性は朝、勃起します）、「疲れているのかな?」とか、「もうトシかな?」と心配になるらしく、やはり「立つ」ことが、男という性の自然な形であることは確かなようです。

むしろ「立つ」べきときに「立たない」、つまり勃起不全《ほっきふぜん》（Erectile dysfucntion＝ED）が、男性を深く悩ませているのは、私たち女性もよく知るところです。

新婚旅行で「できない」ことは、文字通り「男が立たない」ような恥ずかしいことだと感じて傷つく人もたくさんいます。この場合、過度の精神的な緊張がペニスを萎《な》えさせるだけのことで、経験の浅い人には珍しくないことです。

そもそも男性が、男性としての機能をもっていることの証拠は、勃起するかどうかにかかっています。さらに、勃起したペニスを膣《ちつ》に挿入して、睾丸《こうがん》で製造した精子を発射できてはじめて、セックスの場において「男性として機能した」とみなされるのですが、勃起しなければ、それができません。

女性には、勃起に相当する条件はとくになく、妊娠・出産の方法も、体外受精など、通常のセックス以外にもありますが、男性の場合、射精に至ることは、ある意味で、オスとしての役割とみなされている面があります。

その前提が、例外なく「勃起」なのですから、やはり「立つ」か「立たない」かは、男の踏み絵というか、自尊心やアイデンティティにかかわる重大事なのです。

バイアグラという名の勃起促進薬《ぼっきそくしんやく》に、世の男性が殺到《さっとう》するのも、やはり「立つ」ことで、手っとり早く、自分が男であることを確認したいためのようです。

彼がEDになったら

典子さんは二十八歳のキャリアウーマン。三つ年上の俊彦さんとは三年のつきあいで、目下婚約中の間柄《あいだがら》です。

ところが、ここ数年の不景気で、彼の会社の経営状況が急速に厳《きび》しくなってきました。スタッフを減らしたので、一人当たりの仕事量は増え、残業続きですが、手当ては出ないという状態が、もう一年も続いて、先がみえない状況です。

結婚の話は、どちらからともなく、口にしないようになっていました。そうこうするうちに、俊彦さんは、徹夜続きで疲れが溜《た》まったためか、性欲がほとんど湧《わ》かなくなってきました。

彼の仕事の事情をよく知っている典子さんは、彼が気にしないようにとつとめていましたが、勃起しない彼のほうが、こんな状態で結婚したら彼女に悪い、と考えるようになってしまいました。

このカップルの場合、原因は比較的はっきりしています。

俊彦さんはＥＤの原因となるような糖尿病などの病気にかかっているわけでもありませんし、ＥＤの原因となる心臓の薬を常用しているわけでもありません。年齢だって、まだまだ若いのです。単純にストレスから、このような状態になっているのですから、治る可能性はきわめて高いといえます。

しかし、一般的に、女性の出産できる年齢にはタイムリミットがあります。三十歳にもならない典子さんは、心配いりませんが、彼のほうが気に病《や》んで、自信喪失状態になっていました。

典子さんの明るい性格が、幸いしました。

「好きな男が自分に対して立たない」という残酷な事実。

これを彼女は、「そのうち治《なお》る」と信じて、まったく態度を変えませんでした。

「セックスはしなくても、手をつないだりキスをしたり、愛情表現はほかにもいろいろあるさ」と思って、ひがんだり心配しすぎることなく、淡々と彼とつきあっています。

こんなとき、女性から「もう私に愛情がないの？」と泣いて責められても、男の人も困ってしまいます。

典子さんのさっぱりした態度の裏にある女らしい思いやりに、私はひそかにエールを送りました。

勃起不全（ＥＤ）とは何か

ＥＤは、「セックスのときにペニスが勃起せず、満足に行為できないこと」を指します。

原因としては、心臓・血管の病気、糖尿病、腎臓病などにかかっていること、神経やホルモンに問題があること、服用している薬の影響のほか、アルコールやストレスなども原因となります。明らかな病気の場合は、原因をとりのぞく治療が必要となり、心因性の場合は、精神療法が効果があります。

ちなみに、国際的なＥＤの自己評価法を用いて、スコアを調べてみました。勃起を維持する自信が非常に低く、性的刺激によっても勃起せず、挿入後に勃起を維持できた回数が半分にも至らず、行為中の勃起維持がむずかしく、満足に行為できないという人では、25点満点中６点で、重度の勃起不全と判定されました。

こんなところからも、勃起を意志の力でコントロールすることが、きわめてむずかしいことがわかると思います。

ハツジョーキクン

淋しいヤツら

勃起は意志と無関係であり、必ずしも欲情を示すものではない——そうはいうものの、世の中には「毎日が発情期」という男がたくさんいます。男の子のうちの何割かは、確かにただひたすらそればかり考えているようです。

高校の保健室で仕事をしていたとき、若い男の子からセックスの話を聞く機会が、何度かありました。

大半が、「十五分あれば一回戦ＯＫ」だの「七打数五安打」、「夏合宿でザコ寝して、夜中にいいところまで行ったのに、邪魔が入ってしそびれた」といった調子の武勇伝《ぶゆうでん》です。

最近の男の子のなかには、知り合ったばかりの子と「ホテルへ直行」は日常茶飯事《にちじょうさはんじ》、淋病《りんびょう》を三回もうつされていたりして、性感染症にかかるのをなんとも思っていない男の子が多いのに驚きます。

「ちゃんと避妊してるの？」と尋ねると、「してますよ〜」という彼らがきまって膣外射精《ちつがいしゃせい》であると聞いて、（ビデオの影響かな）と、想像します。

確かに、アダルトビデオには、コンドームをつける男はまず、登場しません。さらに、「だって、つけないほうが気持ちいいもん」という意見が多数派。

若い男性のセックス情報の九割以上は、テレビや雑誌、アダルトビデオなどが占め、中でも視覚的に強いコーフンを与えてくれ、手順を一から教えてくれるビデオが、マニュアル世代の彼らのお気に入りです。

マスコミは、「若者よ、セックスを楽しもう」とか「楽しまなきゃ損」などと教え、いかに快楽を簡単に手に入るかが、くり返し強調されます。

女の子とは今のあなたにとって何？

（SEX体験のある15〜21歳の男性69人へのアンケート）

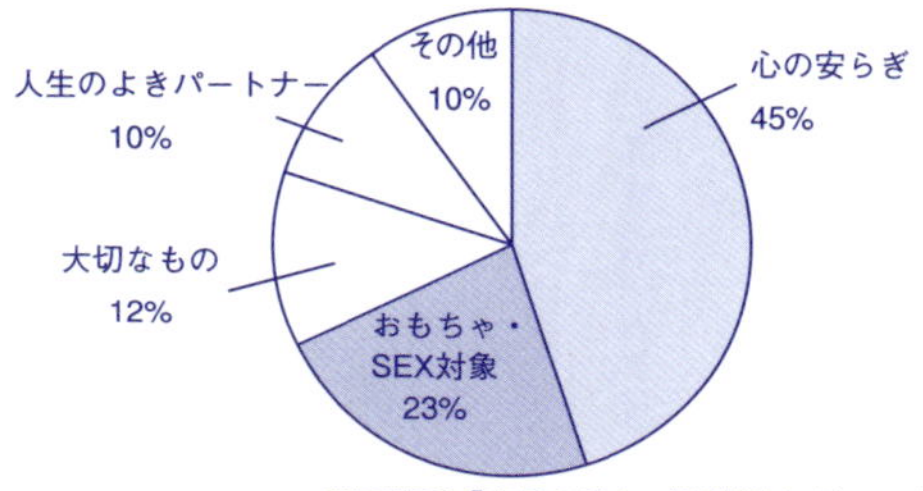

家田荘子「恋愛白書」（講談社文庫）、講談社、1999年

すると、すっかり乗せられて、ビデオ通りにコンドームなしで一夜限りのプレイを楽しむようです。

意外なのは、女の子に断られても強引に迫ったりしないことで、女の子のほうがキゼンとしていれば、無理に連れこんだりはしないようです。

逆にその気がなくても、女の子が誘うと、「据《す》え膳《ぜん》は食べる」というポリシーでもあるのか、しかるべき場所へ、なんとなく「しけこむ」男の子が大半で、その場合、半分は「来たからには」という義務感でセックスをするのだとか。

そうすると、女の子のほうに積極的なのが多いとも考えられ、「発情期には、複数のオスと一日三十回はＯＫ」というチンパンジーのメスの話を思い出してしまいます。ひどい場合は、ディスコのトイレの中で立ったまますませるというのですから、まさに動物的。

ひとときの自己確認

一部には、女の子とつきあうまでの手続きが「めんどくさい」ために、フーゾクを好む男の子もいますが、病気をうつされる確率は「素人の女の子のほうが高い」ことは、彼らの共通の認識のようです。

手当たり次第女の子をひっかける男の子は、フーゾクにむなしさを感じるのか、ほんの一瞬でも、お金ぬきで自分のほうを向いていてくれる女の子を「所有」することで、男としてのプライドを満足させているのかもしれません。

「アタシのカラダなんだから、アタシの勝手！」と、自分からついていく女の子もいるので、彼らには好都合なのですが、あなたの勝手ですむことではないから、やっかいなんです。

セックスは、ものすごく個人的なことであると同時に、自分以外の人にもずいぶん関係のあることだという二つの面をもっています。

さきほどの「淋病三回」の彼は、いつ、どこで誰としたかもよくわからないので、誰にも文句をいうことができません。

もしもそれがあなたのカレシだったらどうする？　万が一、誰かひとりがエイズだったら？

あなたがとても真剣にカレシのことを愛していたとしたら？

特定のパートナーのいる女性で、彼がどこかでうつされた病気に感染し、心もからだも傷つくことがあります。そして二人の関係も消滅――。

花粉を運ぶミツバチじゃあるまいし、ヤリマクって病気を広めることは、（犯罪かも）と、思うのですが、実際、以前には、性病予防法という法律で、自分が病気に感染していると知って、セックスをした人に対して、懲役や罰金が課されていたこともあったぐらいです。

もちろん、規則で縛《しば》ることが何かを変えるほど単純でないことは、みなさんも茶髪やスカート丈にうるさい校則を考えれば、よくおわかりでしょう。

それでも、自分の中の規則や美意識だって、あるのではないでしょうか？

ほとんどの男の子が、本気のカノジョができたら、ピタリと遊びをやめるのは、彼らなりの美意識や自覚の表れでもあると思います。

人とのまじめな関係をつくらずにすむお手軽なセックスは、手っとり早く自分がオスだと確認させてくれますが、淋しさから快感を求めてしまうのも、若い男性の傾向のような気がします。

II　女の子修行 —— 乙女モード

プラトニック礼賛

内気な私

今からウン十年前、私は思春期のまっただ中。九州で、少女時代を過ごした私に、恋へのあこがれはもちろんありました。

好きな男の子もいましたが、声をかけることさえできず、今思えば、そばにも寄れないような、純情な初恋でした。

あの頃書いた詩を読むと、あまりにもけなげな自分が愛おしくて、抱きしめてあげたくなります。ちょっと恥ずかしいけど、おみせしましょう。

いつのまにか　あなたは
私の　心の中にいました
自分でも　驚いてしまいます

あなたのことを　なんでも知ってる　自分自身に
あなたが　何時に学校に来て　何時に帰るのか
歩くときの　背筋をビシッと伸ばした姿勢
少しすりへった黒い鞄を　右手でもっていること
そして　休みの日は　バイクを乗り回していること
目が合うと　とまどったように
照れくさそうに笑うこと……

この頃の自分は、今も私の心の宝物です。
結局、自分の気持ちを知られるのがこわくて、片想いのまま卒業式を迎え、私は、失恋さえもしませんでした。自分で自分の気持ちをもてあまして、友達に彼のことを話すのが精一杯という内気な女の子だったのです。

自分を飼いならす

女の子として魅力的でありたいと望みながらも、その一方で、人間は男女の別なく友情で結ばれることができると、信じていました。

サン・テグジュペリの童話「星の王子様」には、王子様に友情というものを教えるキツネが登場しますが、友達になるには、いきなり近づいたりするものじゃない、というのが、キツネの持論です。

「まずは飼いならすこと」といわれ、王子は毎日同じ時刻に、草むらの少し離れた場所からキツネを眺める日を何日か過ごします。

何しろ「しんぼうが大事」だとキツネがいうのです。

毎日、少しずつお互いの距離を縮めていきます。

そうしてそのうちに言葉を交わすようになるのですが、そんなふうに、しんぼう強く相手のために時間を使うことが「飼いならす」こと、つまり友情をはぐくむことなのだと、キツネは王子様に教えてくれるのです。

あの頃、セックスなんて、想像の外にあるものでした。

私だけでなく、その頃の高校生は、「はじめにプラトニックラブありき」が常識で、その後、しだいにお互いを慈《いつく》しみ、確認する愛の行為へと進展する、と考えていた人が大半だったでしょう。

でも、片想いだったからこそ、自分が自分とじっくり対話する時間をもてたとも思います。

「自分って何だろう」とか、「あの人にふさわしい人間になろう」、「自分を高めることが大切」などと思い、背伸びして小説を読みふけったものでした。

そんなふうにいろいろ考える中で、自分で自分をなぐさめたり、勇気づけたりしながら、自分とのつきあい方を学んでいったような気がします。

キツネの言葉を借りるなら、自分を飼いならしていったのが、あの頃だったのかもしれません。

つながる若者たち

最近の若者は、肌身離さずケータイをもち歩いて、一見人づきあいが上手です。

ノリがよく、適当にユーモアがあり、芸能ネタに通じていて、ファッションセンスもいい人がたくさんいます。

それでも、私の少女時代にみんなが共有していた「友情」のイメージを、彼らのライフスタイルの中に見つけることはむずかしくなりました。

「あの子、オトモダチ」という言葉は、「この間、渋谷のディスコで知り合って、ケータイの番号を交換した」という意味で、「まだ一度も電話したことないけどね」というのですから、「そんなので友達といえるのかしら」と、驚いてしまいます。

しかも、一人前の社会人のケータイに登録されている番号が、仕事関係のものを含めて四十件だというのに、中学生の「オトモダチ」の登録件数がその二倍以上の百件だと聞くと、どういう基準で「オトモダチ」なのか、よくわかりません。

それにしても、お手軽な友情と、お手軽なセックスは、みごとにマッチしているようで、おかしくなってしまうほどです。

自分の心とじっくり向きあいたくないために、誰とでもいいから意味のない会話やセックスをして、一見楽しく時間を「埋めている」ようにも見えます。

しょっちゅう自分のことをかまってくれる母親を必要とする赤ちゃんのように、いつも誰かとつながっていたいのでしょうか。

ケータイは、すぐに誰かと「つながる」ためにもつものだといいます。百件の登録件数がなくなっても、人から見た「ノリのいい子」というイメージがなくても、誰にでも必ずその人にしかない魅力があるものです。

でもそれは、自分の心をのぞきこんで、そこに何があるか探そうとしない人には、永遠にわからないことかもしれません。

あなたがあなたの魅力を知るために、一度ケータイの電源を切って、自分をみつめる時間をつくり、プラトニッククラブにハマってみませんか？

気になるナイスバディ

女の子はスリムがお好き

プラトニッククラブが、その昔の初恋の定番だとしても、やはり、女の子はスタイルを気にするもの。今も昔も、やはり出るべきところは出て、引っこむところは引っこんでいるナイスバディが、理想です。

私の少女時代も、食事制限をしたり、涙ぐましい努力をしている人はいました。

身長一五二センチ、体重五一キロの私も、スマートな友達にあこがれ、「ビスラットゴールド」というやせ薬を、こっそり注文しようとして、姉に見つかり、ずいぶん叱られたのを覚えています。

最近では、スリムなからだをキープするためのダイエットが、もはや女の子の常識になってしまったようです。

たしかに太っているよりはやせているほうが、着られる洋服の範囲も広がるでしょう。

でも、やせていることが必ずしもナイスバディとは限りません。

若者の中の「老い」

私は、現在、短大生に看護学を教えていますが、若い女性のナイスバディの中身が、実はすでにおばあさんであるということを、最近明らかにしました。

二十歳前後の女子学生二七五人の体脂肪と骨密度を測って、現実を突きつけられたのです。

女性の多くは、五十歳から六十歳ぐらいになると、女性ホルモンの減少によって、骨が軽石みたいにもろくなってしまうのですが、調査の結果、若い彼女らの骨が、十分に成長して

骨密度の学年別比較

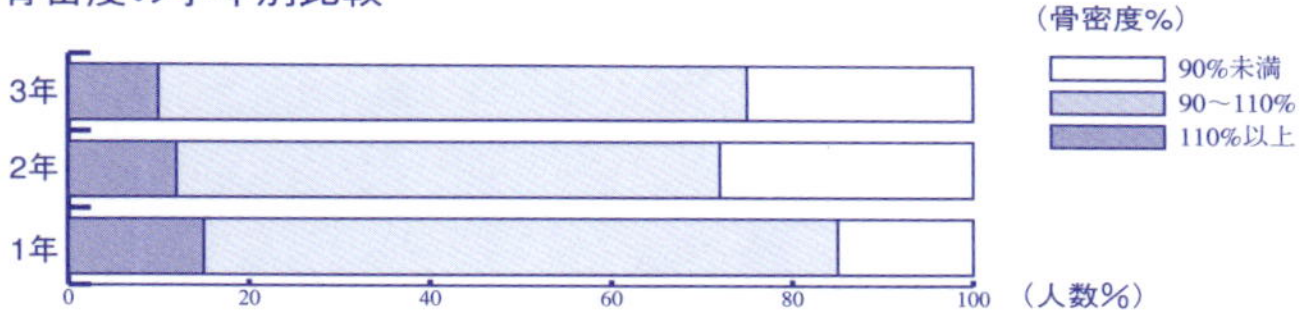

体脂肪の学年別比較

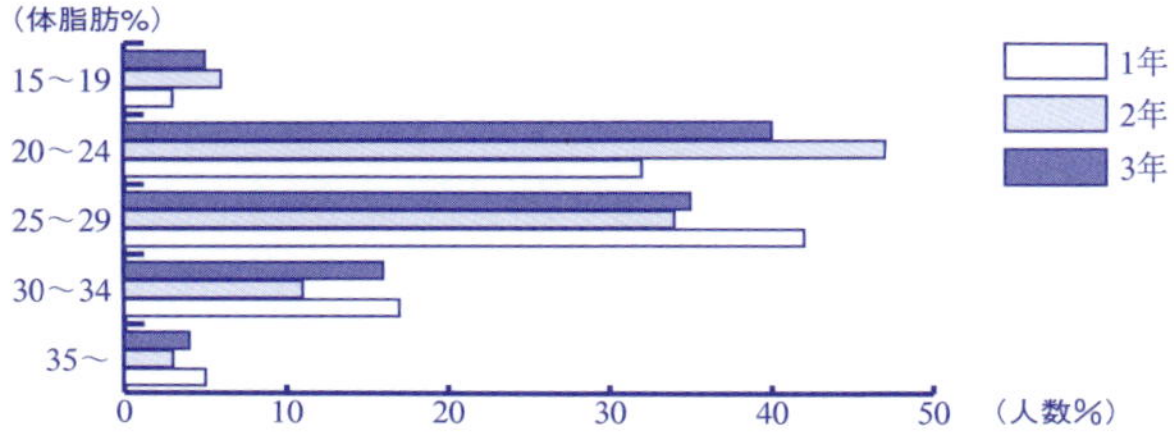

1999年東邦大学医療短期大学で学生280名を調査。1年103名、2年72名、3年100名。

おらず、老人並みの骨密度であると判明しました。年齢相当、つまり骨密度100％以上の健康な骨の持ち主は、わずか34％しかおらず、あとの人の骨年齢は、四十代～六十代に相当していたのです。

　こんなことでは、あと三十年したら、寝たきり中年があふれるのではないかと心配です。

　スリムな外見に似合わず、体脂肪のほうも年齢の割に過剰な人が多いようです。極端な例ですが、身長一六三センチ、体重四四キロという、モデル並みのスリムなお嬢さんの体脂肪は、なんと30％でした。

体脂肪率の高さは、それだけ筋肉が少ないことを意味しますから、将来は腰痛に悩むキケンがかなりあります。

骨密度の低さと体脂肪率の高さは、明らかに、運動不足と栄養の偏《かたよ》りが原因です。しっかり運動をして筋肉をつけ、適当にふくよかなのが本当のナイスバディなのです。

もしあなたが、一六三センチ、五三キロという学生なら、「**正真正銘・ナイスバディ**」の太鼓判を押してあげましょう。

街を歩いていて、道ばたにしゃがみこむ若者をみるたびに、「果たして彼らに高齢化社会はあるのか」、と心配します。あまり長もちしそうにないからです。

思わず、「若者は老いている……」とつぶやく私でした。

自分の生命がつながってること

そもそも、自分のからだは、気に入らないからといって、簡単に交換なんてできません。生まれてから死ぬまで、ずうっとつきあっていかなければならないものなのです。

十八歳のカンペキなプロポーションを鏡に映して、「時よ、止まれ！」と、いってみたところで、もともとそのからだは、電車の中でお母さんの手にしっかりつかまって立っている三つ

か四つの女の子とそっくりだったでしょうし、大声でしゃべるおばさまたちのように、いずれはお腹のまわりにお肉がついてくるかもしれません。

そんなふうに、生命体としてのあなたは、少しずつ外見を変化させながらも、生まれてから死ぬまで続いています。あなた自身が「つながってる」ということ。

ですから、今現在の不摂生《ふせっせい》を、今だけのこととしてすませることはできません。

必ず将来のヒサンな結果となって、自分に返ってきます。

そのときに、とり返しのつかないことや、とり返すために長い時間を要することがあります。

たとえば、ダイエットのしすぎで生理が止まってしまったら、回復するまでに、三年から五年かかることもありますし、たんぱく質と脂肪が不足すると、脳がちゃんと働かなくなり、理性も記憶もあやふやになってしまいます。

本当のナイスバディは、「今だけ」ではなく、もっと長もちするものです。

からだの外側を磨くのもいいけれど、中から美しく健康にしておけば、すみからすみまで美しくいられるにちがいありません。

ちなみに私の骨年齢は、一九歳から二五歳に相当します。小さい頃、野山で遊び、川で泳いだ成果だと思いますが、これ、ちょっと自慢できますよね。

生理がつくるからだのリズム

女の子は、通常、十歳前後から十五歳までの間に生理（月経）が始まります。

生理は、からだが妊娠の準備を始めたことのサインで、ほぼ月に一度、五日前後続く子宮から膣への出血があります。

生理の一週間ぐらい前には、からだがだるかったり、むくんだり、オッパイが張ったり、イライラしたりすることがあり、「月経前緊張症《げっけいぜんきんちょうしょう》（premenstrual syndrome＝ＰＭＳ）」と呼ばれます。この時期に、頭痛が起きる人も多いようです。

生理中には、貧血や下腹の痛みなどがあり、ひどい人は、学校や会社を休んだりします。

これほど、生理は、女性の心やからだに微妙な変化をもたらすものですが、それは、生理が、子宮と卵巣だけで起こっているのではなく、脳が大きくかかわって起きる「伝言ゲーム」のような、からだ全体の現象だからです。

こぶしを握ってまっすぐ上に伸ばした腕が脊髄《せきずい》とすると、こぶしは「脳幹《のうかん》」という部分にあたります。そのうえにのせた重さ約一・三キロのつきたての鏡餅が、女性の大脳にあたります。脳幹のうえに大脳がおおいかぶさるかっこうです。

脳幹には、食欲や性欲、無意識の内臓の動きなどを担当する「視床下部《ししょうかぶ》」という親指の先ほどの部分があり、その先っぽに大豆つぶほどの「下垂体《かすいたい》」という器官があります。この小さな部分が、人間の性ホルモンのコントロールタワーです。

まず、視床下部が下垂体に合図を送ると、この下垂体から卵巣《らんそう》に宛《あ》てて、「卵胞刺激《らんほうしげき》ホルモン」が分泌《ぶんぴつ》されます。

思春期の女性は、左右の卵巣それぞれに、卵子の卵をひとつ包んだ袋のような「原始卵胞《げんしらんほう》」を約二十万個ずつもっていますが、卵胞刺激ホルモンを受けとると、この卵胞のいくつかが成熟を始めるのです。

たいていその中のひとつの卵胞が、十日から二週間かけて十分成熟し、直径二センチを超えるくらいになると、今度は、卵胞が「エストロゲン（卵胞ホルモン）」を分泌して、子宮に届けます。

子宮は、精子と卵子が合体した受精卵を、その内膜に着床《ちゃくしょう》させて大事に育てる場所ですから、メッセージを受けとると、早速、いつ受精卵が送りこまれてもいいように、子宮内膜をふかふかのベッドのように厚くし始めます。

エストロゲンが血液に溶けて体内を巡り、脳へフィードバックされると、脳は、「エストロゲンがピークに達した」と知って、卵胞刺激ホルモンの分泌をやめ、今度は、成熟した卵胞に向けて、下垂体から「黄体化《おうたいか》ホルモン」という手紙を配達します。

「成熟した卵子を飛び出させなさい」というメッセージで、卵胞の一部が破れ、直径〇・二ミリほどの卵子がひとつ飛び出す――これが「排卵」です。

排卵は、ふつう、毎月左右の卵巣がかわりばんこに担当しています。

大事な卵子を送り出したあと、空の袋となった卵胞は、黄体化ホルモンの刺激で、みずからを「黄体」という黄色い物質に変化させ、子宮内膜に向けて「プロゲステロン（黄体ホルモン）」を分泌し、さらに妊娠に備えて準備をさせます。このとき、体温はわずかに上昇します。

子宮内膜は、たっぷりの血液と栄養分で、海綿《かいめん》のように柔らかくなり、排卵後二週間かけ

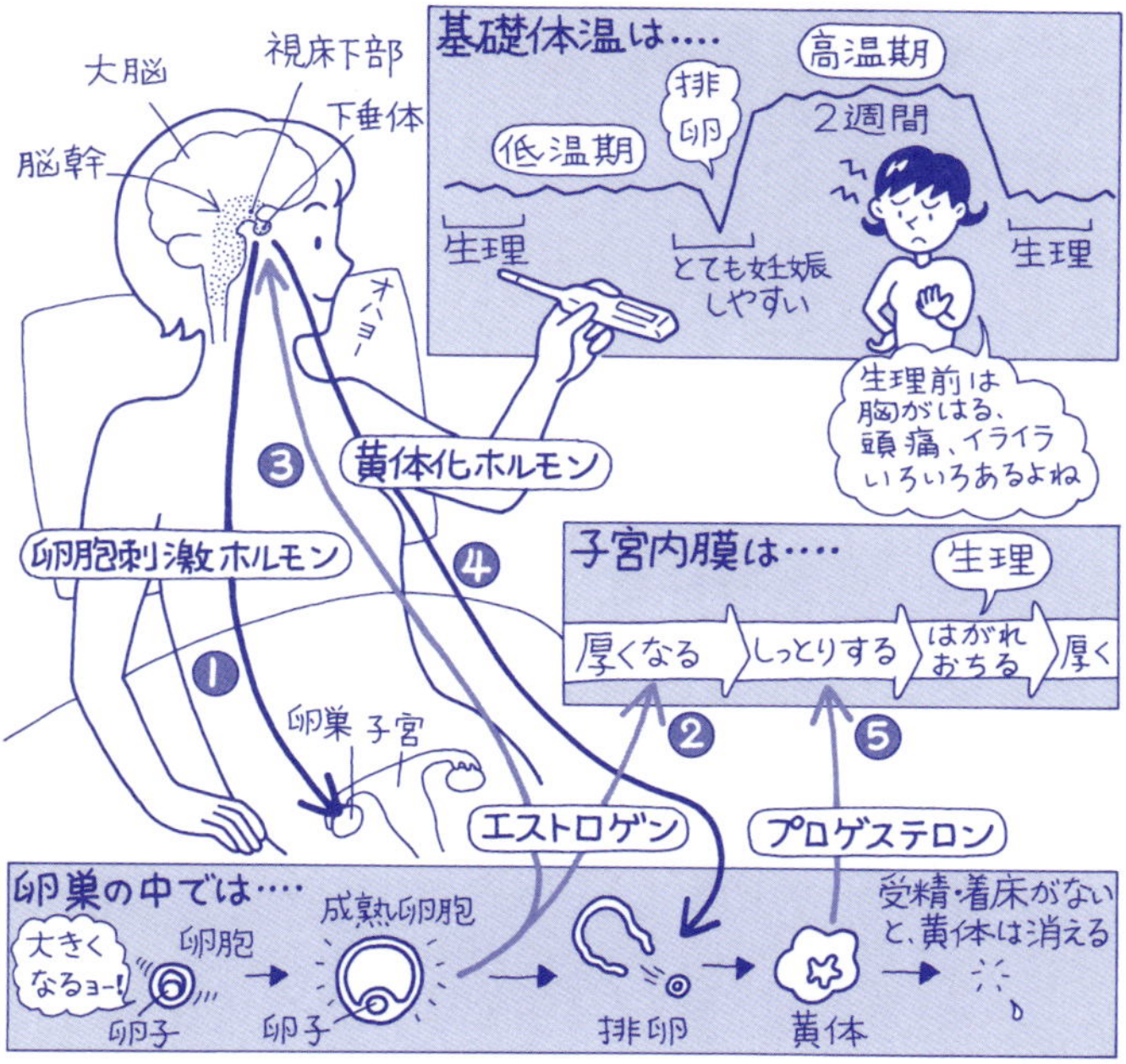

て受精卵の受け入れ体制を整える頃には、厚さ一センチほどになります。

しかし、せっかくからだがこのような準備をしても、実際に受精しなければ、黄体は消え、子宮のベッドも無駄になります。

このとき、収縮する子宮から、内膜が剥《は》がれ落ち、血液となって膣《ちつ》から流れ出るのです。

これが生理あるいは月経と呼ばれる現象で、下腹の痛みは、子宮の収縮が引き起こしていてます。生理は、卵巣から飛び出してくる卵子が受精しなかったしるしでもあります。

女性のからだでは、脳と卵巣がホルモンの伝言ゲームをしながら、生理と次の生理との間に、卵胞の成熟、排卵、子宮内膜の準備という一連のできごとが、ある一定のリズムでくり返されているのです。

生理は、からだの状態をきちんと映し出すので、疲れすぎたり、栄養が足りなかったり、ストレスやショックがあると、一時的にストップすることがあります。

生理がきちんと来て、高温期、低温期があることは、妊娠が可能だということのほかに、女性ホルモンがきちんと働いていることの証拠です。

このホルモンのバランスが崩れると、肌は荒れ、髪のつやがなくなり、骨も弱くなります。

女性らしいナイスバディを維持するものが、この女性ホルモンなのです。

若さの賞味期限

オバンな女子高生⁉

オジサンたちが、「僕、これだから若い女の子にモテないんだなあ」と、よくぼやくのを耳にして、「なんでそんなに若い女の子がいいのかしら」と、首をかしげたくなります。

若さを礼賛《らいさん》するにしても、最近は少し度が過ぎているようです。

いわゆる援助交際においても、「もはや高校生はトウが立ってる」などといって、売り値が下がってきているといいます。

ひと頃、女子高生が援助交際で得られる収入の相場は、三万円～五万円といわれましたが、不景気の昨今、オジサンのお財布事情も厳しくなっており、一万円～三万円とれるのは女子中学生で、女子高生は、「ウチら、もうオバンよね～」といって、五千円という安値に甘んじているといいます。

だからといって「中学生のうちが花」だなんて、もちろんいうつもりはありません。

中学生が経験できることなんて、人生を大きな海にたとえれば、浜辺の水遊びみたいなものでしかないからです。

それよりも、あなたがもし高校生なら、中学のときよりも、きっと今のほうがいろんな経験をして、知識も増えて、もっとずっと素敵な女の子になっているはずだと思います。

人生の海も、中学生の頃とはちがう見方ができるようになります。

少し遠くから、広い視野で見渡せば、海は、前よりもっと大きな景色として目に映ることでしょう。

それが、人間が、成長するということではないでしょうか。

若さ以外にも

もし、若さが唯一絶対の価値なのだとしたら、人間は、年を重ねるにつれて、どんどんダメになっていくことになります。

女の子が勝ち組であるために必要な条件が、若さやルックスやノリだとしても、残念なことに、お肌のハリは、確実に衰《おとろ》えるばかり。

あなたの魅力のうちで、若さが大きな比重を占めていて、「何としても二十五歳までに結婚しよう」と心に決めているなら、若さいっぱいのときに、素敵な男性をつかまえるのもいいでしょう。

だけど、首尾よく結婚できても、その先の長い人生が、あなたから若さという魅力を容赦《ようしゃ》なく奪っていきます。そのあとのあなたは、何ひとつ魅力のない女性になってしまうのでしょうか。

あなたマイナス若さ、イコールゼロ？？？

そんなはずはない、と思います。

あなたには、あなたにしかない物の感じ方があり、表現があり、素敵なところがたくさんあるのです。

女性の中には、年をとることが何のマイナスにもならず、四十歳になっても六十歳になっても、相変わらず魅力的な人がたくさんいます。きっと若さ以外にも、勝負できる何かをきちんともっている人にちがいありません。

それが、その人の知性や感性であり、若い時からのひとつひとつの蓄積なのです。

本物の人間の魅力には、賞味期限はありません。

心の栄養と美しさの関係

足りないのは何？

最近は、障害のある方の多方面での活躍が目立ちます。

目が不自由でも、素晴らしい音楽を演奏する人がいるかと思えば、声を発することができなくても、言葉に対する研《と》ぎ澄まされた感性で、表現活動をしている人もいます。

ハンデをものともせず、生き生きと活躍している人たちのことを読んだり聞いたりすると、人間とは、肉体という限界をもちながらも、肉体を超えた存在であることを思わずにはいられません。

自分のありのままを受け入れている彼らは、素敵なパートナーに恵まれていることも多いようです。

その一方で、何ひとつ足りないものがないように見える乙女たちが、追い立てられるように、せわしなく恋愛ゲームを続けているのが、気にかかります。

それだけ、思春期は、目をそむけたい現実が多すぎるということなのでしょうか。

たしかに思春期って、自分が足りないものだらけのような気がします。

何のために勉強しているかわからない、親や先生が自分を理解してくれない、将来何をしたいのかわからない……。

でも、自分が「女である」ことは、何より目立つ思春期の事実として認めないわけにはいかない。そしてそれを一番はっきりわからせてくれるのが、男の子を相手に行う性の行為なのです。

ある意味で、これは本当のことです。

自分は、少なくとも、セックスをしているこの瞬間に、「女」であることを認められ、肯定されている。それがなんとなく自分の自信につながり、存在意義を感じさせる――そういう自分の確認のしかたも、まったくないとはいえないからです。

あなたというユニークな存在

あなたは、この社会で生きていくのに、女性という条件を与えられた存在です。

「私って何?」と自分に尋ねたとき、その答えのひとつは、「女である」ということです。

あなたも私も「女」ということでは同じ。

でも、人間としては、まったく別の存在ですよね。

十人の女性がいても、そのうちの誰ひとりとして、「原寸《げんすん》」でコピーをとったクローンみたいに同じにはならないところが、人間のおもしろいところです。

同じ遺伝子《いでんし》をもっているお母さんと娘だって、全然ちがうし、一卵性双生児《いちらんせいそうせいじ》だって、やっぱり、ちがうところは、たくさんあるんですものね。

ひとりの人間がこの世に生まれてくるためには、男性が一回の射精で放出する精子約三億個の中の、えりすぐられたたった一個が、女性が生まれながらにもっている二百万個のうちのたった一個の卵子とひとつにならなければなりません。

天文学的な数字の組み合わせから、たったひとりの人間がつくられるのです。

そうして生まれた、かけがえのない存在としての、あなた。

誰もが、「ただひとつ（unique）」の存在として、それぞれにちがった個性と魅力を、生まれながらにもっています。

だから、世の中にはいろんな人がいて、おもしろいんですよね。

自分のしたことが自分をつくる

人がひとりひとりちがっているのは、遺伝子のちがいだけでなく、これまでにひとりひとりがつくってきたその人なりの歴史がちがうからです。

別のいい方をすれば、自分がしてきたことは、いいことも悪いことも、けっこうちゃんと、顔やからだに刻みこまれているということです。

意地悪《いじわる》な顔つきも、姿勢の悪さも、筋肉質のかっこいい足も、青白い顔色も、毎日からだに刻みつけられた自分の歴史を表しています。

特別美人でなくても、いつも笑っていれば、やっぱり魅力的な笑顔になります。人間の顔の表情筋《ひょうじょうきん》は、いつも動かしている形に整えられていくものなのです。

ですから、この先あなたがどんな女性になるかは、あなた自身の考え方や行動によって決まっていくことでもあります。

素敵な女性になりたいと思うなら、山寺にこもるお坊さんではありませんが、少々修行を積まなければなりません。ローマは一日にしてならず。素敵な女性も、インスタント食品のように三分間でできあがり、というわけにはいきません。

そんなことは、二、三年で、泡のように芸能界から消えていく若い女性タレントをみれば、わかることです。

反対に、「年齢」の壁にはばまれて、消えてしまったかと思っていたアイドルが、いつのまにか本格的に演技を勉強して、舞台女優になっていたりするのって、すごく素敵じゃない？ 努力して、自分の可能性を伸ばしていく人をみると、私は素直に感動してしまいます。そしてそんな人に限って、アイドル時代とは別の美しさをたたえているようです。

ハッピー・らぶ♥のすすめ

性について、サラリと話題にできる今の風潮を、私はそれほど悪いことだとは思っていません。オープンになることできちんとした知識がもてれば、昔よりずっといいとも思います。でも、最近の「早すぎる性の目覚め」は、ウワサ話レベルのいいかげんな情報にふりまわされていることが心配です。

自分の気持ちもよくわからないうちに、誰もが「なんとなく」経験組にエントリーしてみただけで、そこで感じるものは、案外、「むなしさ」だったりするのではないでしょうか。

男に見向きもされない自分が、あまりにもイケてない気がして、そんな気持ちを振り払う

ように、とりあえず、してしまうことも、もしかしたらあるのかもしれません。

でも、いったい、誰のために？

男の子には、遊びと割り切った女の子には、つきまとわれることのないように、「したあと、ガゼン冷たくする」という人も多いそうです。いくら一夜限りの相手でも、そんな態度をとられて傷つかない女の子は、いないでしょう。

そんな悔しさやむなしさもすべて、人間の心とからだに刻《きざ》みつけられていきます。

高校生の中には、「愛があればセックスしてもよい」という考え方の人が多いようです。私は、その人たちに、こんな質問をしてみたいと思います。

「そのセックスは、あなたに感動を与えてくれましたか？」——と。

本当にハッピーなセックスは、異性という未知の世界を前にして、神様の前に呼び出されたように、正直になれるものです。

それを大好きな人と共有するなら、なおのこと、心もからだも解放されて、空でも飛べるくらい、不思議な力が自分に与えられたような気がします。

お互いの心が満足し、充実してくれれば、それが自然に、表情までも美しくやさしく、生き生きしたものにしてくれるのです。

もうずいぶん前のことですが、学生時代の友人が、きまじめな性格のために、仕事上の悩みで軽いうつ病になったことがありました。二十代前半だったでしょうか。その頃、彼女は恋人もいませんでした。時々私に手紙をくれました。

カウンセリングを受けに通っている病院で、ご高齢の先生から、

「若い女の人が一番幸せなのは、心から好きな人とセックスしている時じゃないかと、私は思いますよ」

といわれ、涙があふれて止まらなかった、と書いていました。

その後、しばらくして、幸せな結婚をされました。

らぶ♥という感動体験

「発情期モード」で行うサル並みのセックスに、そんな感動があるとは、私にはどうしても思えません。だいたい終わったあとに、お互いどんな顔をするのでしょう。なんだか気まずそうで、あと味だって悪そうです。

人生に二度とない十代という年頃。不安定だからこそ、大人よりもはるかに豊かな感受性に恵まれた時期に、使い捨ての恋ばかりしていると、ものごとの感じ方がどんどん鈍くなってしまいます。

そうすると、脳の働きも鈍くなり、顔つきも鈍くなる、といった具合に、人間の心と頭と容貌は、切っても切れない関係になっているのです。

私なら、わざわざブスになるのは嫌ですから、詩でも音楽でも、美術やスポーツでも、自分の気に入ったことをみつけて、とことん「飼いならす」ことをして、心を動かし、脳の働きも活発にする美容法を選びます。

そして、できればセックスも、そんな感動体験のひとつに加えることができるように、吟味《ぎんみ》して、大事にしたいと思います。

若い頃の感動のコレクションは、みなさんがオジサンやオバサンになってからも、色あせることのない魅力をつくってくれる大切な心の栄養です。値段はつけられなくても、どんなに高価な宝石よりも、ずっと美しい宝物として、いつまでもキラキラ輝いてくれます。

ただし、上等の感動を知って、上等の人間になるかどうかは、あなた自身が決めることです。

ジリツスルナラ

女の子・結婚・出産

「セックスは二人の愛情の証明であり、子どもは愛の結晶《けっしょう》である」

こんな言葉を信じていた私の少女時代からすると、最近は、ずいぶん大胆に性を謳歌《おうか》している女性が増えてきたようです。

それでも、いつかは誰かと、心身ともに素敵なペアになろうと思う女の子が大半だと思います。

ほとんどの女の子は、「結婚」と「出産」という人生のイベントについて、「それをしない」

という選択も含め、一度は真剣に考える時をもちます。

男の人にとっては、「人生の充実」として受けとめられがちなこれらのできごとは、確実に女性の行動範囲を制限するからです。

もしも勉強や仕事を続けたければ、どのような形で続けるかについても考えなくてはなりません。結婚ひとつとっても、同居か別居か、夫婦同姓か別姓か、人それぞれに事情も考え方も異なります。

私がそうであったように、結婚も仕事も子どももも──なんて欲張りさんも、たくさんいるにちがいありません。みなさんの人生をハッピーにしてくれることなら、どんどん欲張るべきだと思います。

人気作家の林真理子さんは、働く女に精神的な安定を与えてくれるのが結婚の意義だと語っていますが、私も、夫がいて、子どものいる生活が、長年仕事を続けてきた自分を豊かにしてくれたと、素直に思っています。

人間は、やっぱりペアでいたほうが楽しいと思うから。

それでも、結婚がお互いにとっていい形であるためには、努力も歩み寄りも忍耐も必要。なかなか楽ではありません。とくに、子どもをもつと、どうしても生活がほとんど子ども中心になってしまいます。産んだ以上、親には責任がありますから、育児については、あらかじめ二人できちんと話し合っておくべきだと思います。

残念ながら、結婚という現実はそんなに甘いものではありません。

おとぎ話はいつも、「王子様とお姫様は末永く幸せに暮らしました」で終わりますが、現実はおとぎ話ではなく、あなたはシンデレラでも白雪姫でもないのです。

安全に幸せに子どもを産む

妊娠と出産は、女性にとっては心してかからなければならない、からだを張った大事業です。女もひとりの人間ですから、自分を豊かにしてくれるものとして、できるだけいい形で、子どもを産むという経験を自分の人生の中に位置づけてほしいのです。

生殖《せいしょく》（reproduction）に関するこのような考え方に、「リプロダクティブ・ヘルス」と「リプロダクティブ・ライツ」があり、通常、ペアで使われています。

子どもを産む性である女性にとって、妊娠と出産が肉体的・精神的負担になることから、女性の健康を考えて、いつ、何人の子どもを産むかを、自分の意志によって決定すること、つまり「性の自己決定」を支えるものが、リプロダクティブ・ヘルスという考え方です。

すでに、一九一四年にアメリカのマーガレット・サンガー女史が「産児制限《さんじせいげん》 birth control」として提唱《ていしょう》し、その後、避妊の手段としてピルが開発されたことによって、性の自己決定は、さらに具体的なものとなりました。

リプロダクティブ・ヘルス

心もからだも健康（well-being）でいられるために

1 すべての人が自由に責任をもって、子どもの数と産む時期、産む間隔を決める
2 そのために必要な情報と手段を得られる
3 差別や強制、暴力なしに、産むか産まないかを自由に決められる

リプロダクティブ・ライツ

すべての人が人間として尊重されるために

1 女性が自分で妊娠をコントロールする権利
2 すべての女性が安全に妊娠・出産できる権利
3 すべての子どもが健康に過ごせる権利
4 性感染症のおそれなしにセックスができる権利

リプロダクティブ・ライツの骨子《こっし》は、女性の意志による避妊法の選択と、そのための手段と情報をもつことです。適切に避妊をすれば、予期せぬ妊娠や中絶を、防ぐことができるはずです。

同時に、この権利は、女性に対する暴力やセックスの強要を阻止《そし》することも含め、広い意味で女性の健康（well-being）を守るものでもあります。

性を表す三つの言葉

ところで、みなさんは、「性」に対してどんなイメージをもっているでしょうか。

ひとくちに「性」といっても、その意味は大きく三つに分かれています。

まず、「セックス sex」という言葉があります。これは性行為を意味すると同時に、性器が示す明らかな男女差を指します。

スポーツ選手が競技の前に義務づけられている「セックスチェック」は、その人が男性であるか女性であるかを確認することとして知られています。

二つめにあるのは、「ジェンダー gender」と呼ばれる社会的な性差です。こちらは、生まれ落ちたとたんにインプット（刷りこみ）が始まる後天的な性の区別です。

私たちは、いつのまにか「女の子だから」とか「男の子だから」といった、性別によって期待される社会的な役割や性質を教えこまれているといえます。

むずかしいのは、セックスとジェンダーとが、なかなか一致しない場合です。

自分はあくまでもひとりの「人間」であり、男から性的な対象と見られることが許せない女性がいます。この場合、あまりにも若くして、痴漢やレイプの被害にあったなど、性にまつわるつらい記憶が背景にあることがしばしばです。

また、年頃の男の子の中には、女の裸よりも男の裸にドキドキする人もいて、孤独のうちに深く苦しむこともあります。

最近は、必ずしも異性が性的対象とはならない人に対する偏見は少なくなってきましたが、セックスを、「性器を使った男女間の性行為」と定義すれば、それは、このような人たちを排除した、限定的なものとなってしまいます。

性とは「心が生きる」と書くのです。性器に限定されるだけの狭いものであってはならないはずです。

心を生かす性のために、「セクシュアリティ sexuality」という三つめの言葉が生まれたのは、このようないきさつがあります。

「セクシュアリティ」とは、人間がすべて自分なりの性に色どられた存在であることを認め、自分が本来の自分であろうとする行動を指し、あらゆる人にとっての性、つまり「生き生きした心」を尊重する考えに立った言葉です。

まだ具体的に性の感覚を知らない清純な少女も、彼女なりのセクシュアリティをもっています。同性愛もひとつのセクシュアリティですし、妊婦や老人もまたセクシュアリティをもっています。結婚している人にも、していない人にも、子どもを産んだことのある人にも、ない人にも、健康な人にもそうでない人にも、セクシュアリティがあります。

自分も含め、多様なセクシュアリティを認め合うことは、社会の中で人間が共に暮らしていくうえで、大切なことです。

そういう面からセックスを考えると、それぞれの性の行為は、すべての人のセクシュアリティの表現として、人間としての互いの存在を確認しあう一種の情報交換といってもいいかもしれません。

女であり男であるみなさんが、自分のからだを通して、大切な誰かとどれだけ親しい関係をつくることができるか。それを学ぶレッスンが、セックスという一対一の裸のつきあいなのではないかと思います。

Ⅲ　らぶ♥への旅路 ―― 親離れモード

お子様卒業

春の予感

女の子は、いつ、大人になるんでしょう？ ついこの間まで、小さな子どもだったのに、いつの間に、男の子に対して、「恥ずかしい」とか「好き」とか思う感情が育ってしまったのでしょうね。

医学的には、女性として、男性としての成熟が始まるのは、妊娠が可能になった時とされています。女の子は、はじめての生理（初潮《しょちょう》または初経《しょけい》）を迎えた時、男の子は、はじめての射精を経験した時（精通《せいつう》）が、お子様卒業の時、つまり大人へ

思春期の男の子が気になること

ペニスの形や大きさが、人とちがう？
トイレやお風呂で、自分のペニスを、ついほかの人のと比べてしまいがちなのが男の子。でも、ペニスの形や大きさは人それぞれ。背の高さや鼻の形がちがうようなものです。何の心配もいりません。

オナニーは害がある？
自分で自分の性器をこすったりして気持ちよくなることは、健康な証拠です。オナニーは、自分が自分の性に出会う大切な行為でもあります。もちろん、やりすぎによる害もありません。

仮性包茎では？
ペニスの先（亀頭部分）が皮におおわれているのが仮性包茎《かせいほうけい》で、「皮かむり」などともいいます。勃起したときに亀頭が出てくれば手術は必要ありません。垢《あか》がたまりやすく炎症《えんしょう》も起きやすいので、おふろではきれいに洗いましょう。

の第一歩です。

この時期のからだの成熟を総称して、「第二次性徴《だいにじせいちょう》」といいます。第二次性徴は、女の子のほうが、男の子より一年くらい早く始まります。

自分のからだが、いつのまにか、自分でも知らないうちに変わってきてしまう。ドキドキしたり、心配したり、気合い入ったり、けっこう複雑です。

そもそも、ことのはじまりは、たったひとつの精子と卵子が結合して、みなさんのいのちの「もと」ができたその瞬間にさかのぼります。

「性」は、みなさんがまだ卵だった時代に、草花の種みたいに、いのちの中にプログラムされていました。それが、成長の過程で、ちょうどいい時をみはからって、芽を出し始めるのです。

目立った変化としては、男女ともに、脇の下や下腹部に毛が生えてきます。

男の子ではヒゲが生え、声変わりをし、にきびやのどぼとけが目立ち始めます。女の子は、胸が膨《ふく》らんで、皮下脂肪《ひかしぼう》も増え、丸みをおびた体型になってきます。

人間のもとは女だった

ところで、「第二次」に対して、第一次性徴《だいいちじせいちょう》もあります。こちらは、胎児の時代に、人間に認められる男女の区別で、からだの内部にある性器として女に卵巣が、男に精巣《せいそう》（睾丸《こうがん》）ができたあと、腟《ちつ》やペニスなどの外性器《がいせいき》ができることを指します。

受精後六週目ぐらいまでは、まだはっきりとした男女の区別はなく、まず、精巣や卵巣《らんそう》のもとになる「原始生殖腺《げんしせいしょくせん》」ができます。

「腺《せん》」というのは、ホルモンを分泌《ぶんぴつ》する器官のことで、「原始生殖腺」は、それぞれの性に特有なホルモンを分泌する、卵巣

思春期の女の子が気になること

生理（月経）がこない
まず、自分の月経周期を知るクセをつけることが大切。性器または脳に原因があれば、ホルモンバランスが崩れていますので、治療が必要です。2ヵ月なければ、放置しないで、必ず婦人科で検査しましょう。

おりものって？
おりものは性器からの分泌物。腟から雑菌が入るのをふせいだり、排卵の時には、精子が入りやすくします。ふだんは透明か白い色で、ややすっぱいにおいですが、下着につくと黄ばみます。色が茶褐色で、いやなにおい、かゆみがあれば、性感染症の検査をしなければなりません。

や精巣などの「性腺《せいせん》」の前段階です。
もともと原始生殖腺は、卵巣になるようにできています。胎児《たいじ》は、女性ホルモンが豊富な母親の胎内《たいない》で育ち、何もなければ女性化していきます。つまり、人間の原型はすべて女だということです。

本来、そのまま女として生まれる準備をするところ、ある変化が加わって方向転換し、七週目頃に精巣ができると、「男性」になります。

通常、性染色体《せいせんしょくたい》の数は二本で、女性には、強い生命力の維持に必要なX染色体が二本あるのに対し、男性は、男性を表す一本のY染色体のほかに、X染色体が一本しかないために、女性より病気に対する抵抗力が弱いことが知られています。

卵巣や精巣ができると、それぞれの性ホルモンが分泌され始め、より細かな内性器が完成されるとともに、外性器もできていきます。ほぼ妊娠三ヵ月くらいで、男女それぞれの外性器が

妊娠したのでは？
自分の月経周期を１週間すぎた頃から、市販の妊娠検査薬を使って尿を調べれば、妊娠したかどうかわかります。セックスしてから72時間以内なら、アフターピルで妊娠を避けることもできますが、副作用があります。日頃から避妊に十分注意することのほうが大切。

性感染症って？
一般にセックスによって感染する病気を指します。近年、十代に感染者が急増しています。性器周辺のかゆみや、おりものに異常がある場合もありますが、一見症状がなく、知らないうちに悪化してしまうことも多く、女性では不妊症などの原因になることがあります。

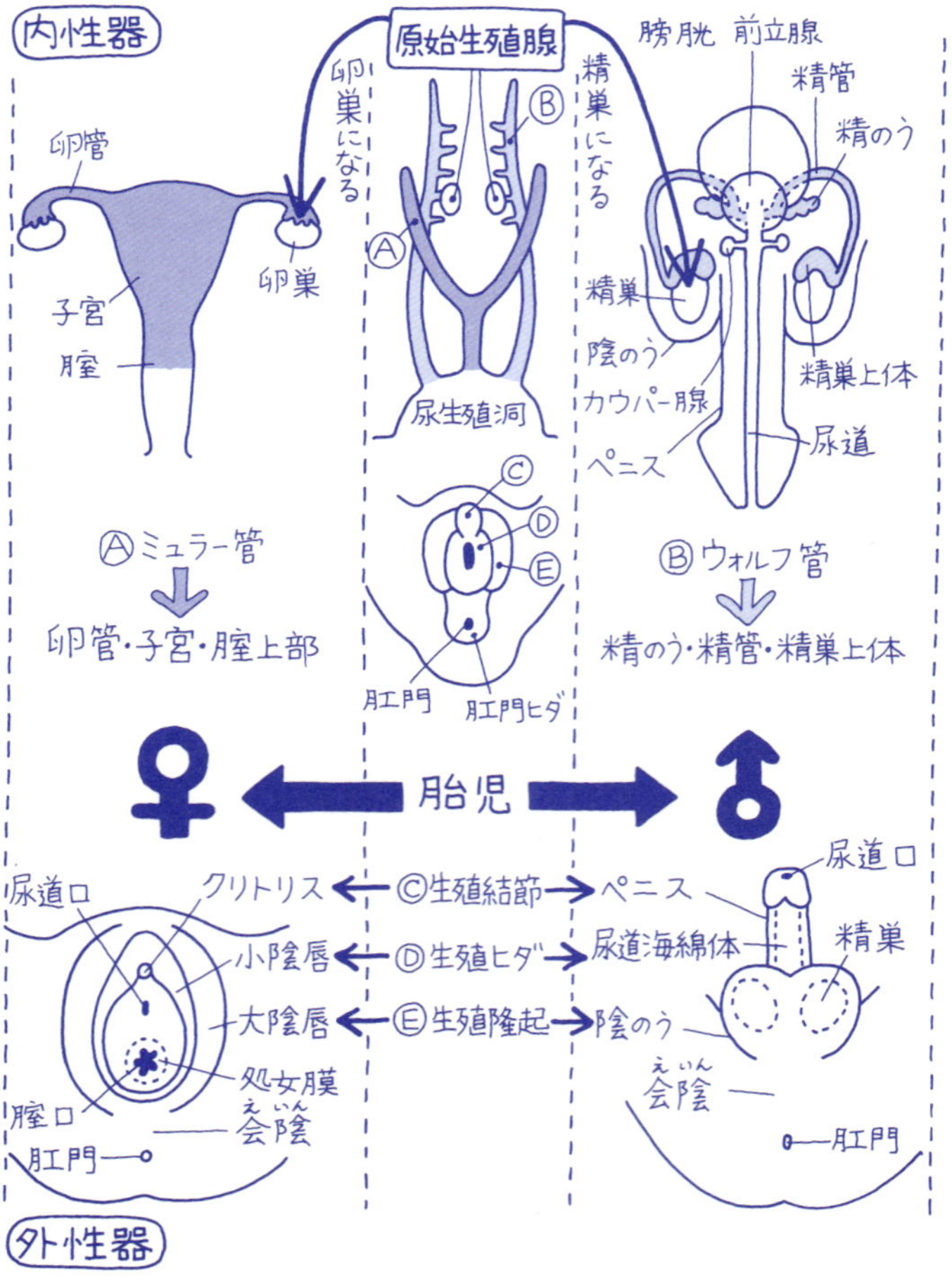
内性器
原始生殖腺
卵巣になる
精巣になる
膀胱
前立腺
精管
精のう
卵管
卵巣
子宮
膣
Ⓐ
Ⓑ
尿生殖洞
精巣
陰のう
カウパー腺
ペニス
尿道
精巣上体
Ⓒ
Ⓓ
Ⓔ
肛門
肛門ヒダ
Ⓐミュラー管
卵管・子宮・膣上部
Ⓑウォルフ管
精のう・精管・精巣上体
胎児
尿道口
クリトリス
Ⓒ生殖結節
ペニス
尿道口
小陰唇
Ⓓ生殖ヒダ
尿道海綿体
精巣
大陰唇
Ⓔ生殖隆起
陰のう
処女膜
膣口
会陰《えいん》
肛門
会陰《えいん》
肛門
外性器

でき、妊娠六ヵ月頃には、超音波で性別が確認できます。

男性のペニスと、女性のクリトリスが少し似ているのは、同じ部分から枝分かれしている名残《なごり》でもあるのです。

脳の性別

胎児の時代の性の決定には、性ホルモンが重要な働きを担《にな》っています。

男では、妊娠四ヵ月から五ヵ月にかけて、精巣から男性ホルモンが大量に分泌され、脳の中に取りこまれているといわれます。

もしもこのとき、母親に強いストレスがあれば、男性ホルモンは十分に分泌されず、生まれた男の子が、成人してから同性愛の傾向をもったり、男性ホルモンが分泌されていても、それを受けとるアンテナ（レセプター）が欠けていると、ペニスが発達せず、出生時に女と判断され、思春期に男であると発見されることもあります。

このように、胎児期の性ホルモンは、その人の人生に大きな影響を及ぼすといえます。

とくに、脳については、男と女ではその働きは異なっています。

まず、女性の脳では、一定のリズムで卵巣を刺激して、排卵を促すようなホルモンの指令が出され、体温までも周期的に変化させています（48ページ参照）。

男性の脳からも、精巣を刺激するホルモンは出ますが、女性のようなリズムはなく、メスのネズミに男性ホルモンを与えると、ホルモンのリズムはなくなることがわかっています。

また一般に、左脳は言語や理性の脳、右脳は直感や創造性の脳といわれますが、男性が右脳が大きく、女性が左脳が大きいという指摘のほかに、男性がもっぱら左脳を使うのに対し、女性は左脳と右脳をバランスよく使い、左右の脳をつなぐ脳梁《のうりょう》も大きいため、言語を習得する能力が高いという報告が、アメリカでなされています。

小さな子どもで、女の子のほうが早く言葉を覚えるのは、これに関係があるともいわれます。

人間と性

第二次性徴期に、急激にからだが変わってくるのは、男女ともに、突如、洪水のようにからだ中を駆けめぐるさまざまな性ホルモンのせいです。

ホルモンという言葉には、「目覚めさせるもの」という意味があります。子ども時代、沈黙を守っていた性ホルモンは、細胞に呼びかけながら、女として、男としての器官や機能を発達させるように、長い眠りから揺《ゆ》り起こして回ります。

そこで登場してくるのが、おそろしく扱いづらい衝動――性欲です。

人間の性欲に関する研究で有名なのは、それが本能ではなく、人間が社会的存在として生活するうちに、言葉を覚え、「女」であり「男」であるというアイデンティティがはっきりすることから生まれるというものです。

これは、人間社会から隔絶《かくぜつ》されて育った数少ない野生児《やせいじ》を調べての報告ですが、彼らは思春期でも、人間のような性行動に至らないことがわかっています。姿は人間でも、人間の言葉をもたず、自分の性的なアイデンティティがはっきりしないためだといわれています。

人間の大脳には、本能を司《つかさど》る「大脳辺縁系《だいのうへんえんけい》」のさらに外側に厚さ約三ミリの「大脳新皮質《だいのうしんひしつ》」があり、ここで言葉や感情、意志や判断などの高度な精神活動が営まれます。

サルなど知能の高い動物に比べても、人間の大脳新皮質は、面積も広く、複雑にできています。そのため人間の性は、本能の命じる「生殖」から、「快楽」や「連帯」の世界へと、一歩踏み出したと考えられます。

たとえば、男性が誰とでもセックスできるとしても、やはり好きな人とするセックスでは、快感が増すという事実があります。これは、特別なパートナーとの「よりよき性」を選びとる大脳新皮質の働きにほかなりません。

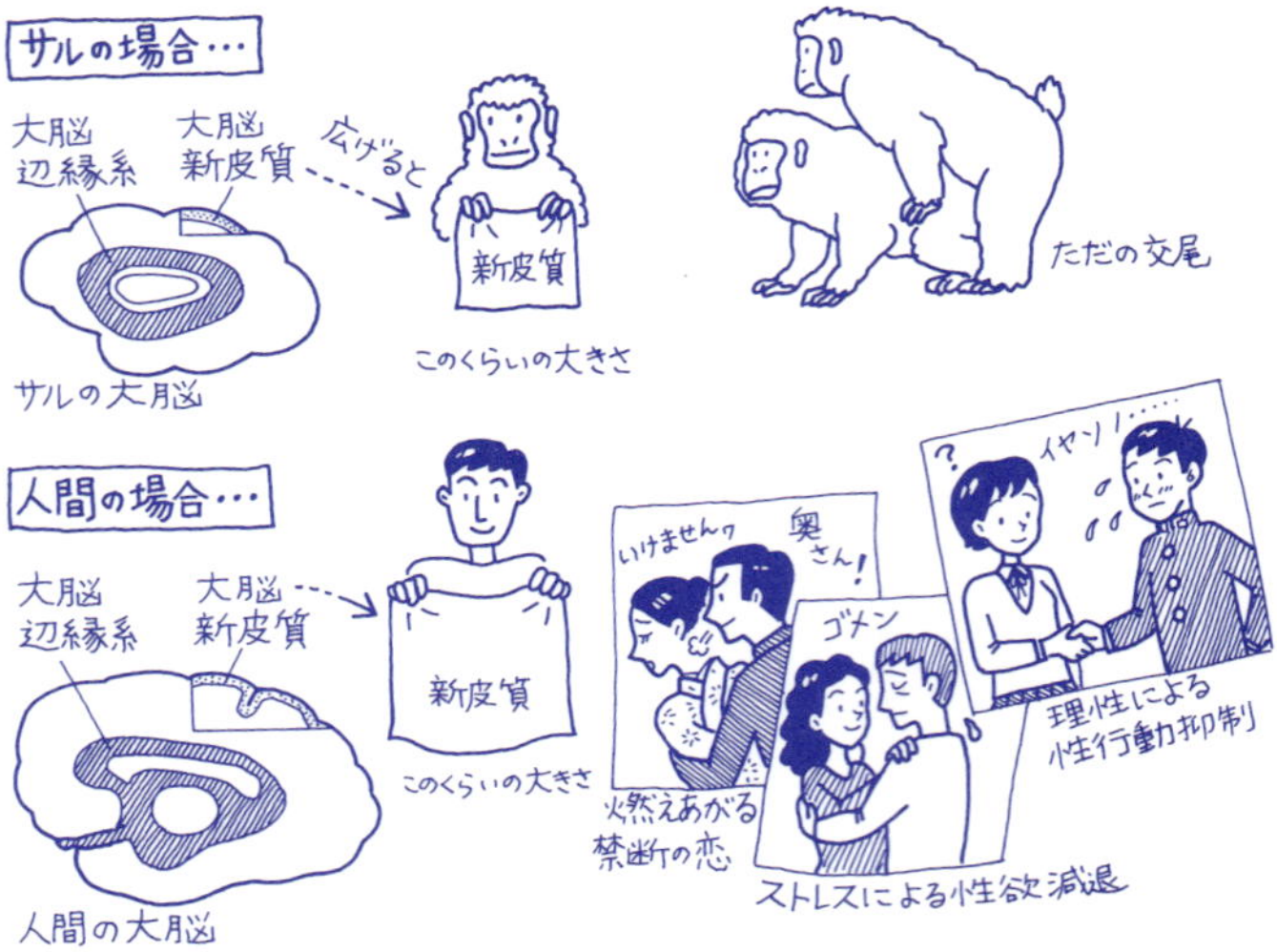

また、理性で性欲をコントロールできる、ストレスがあると性欲がわかない、気が乗らないセックスでは疲労度が大きいなどのことも、人間のセックスが、本能よりも高等な脳に左右されることを表しています。

しかも脳は、インプットされる情報によって常に変化し、さらに人間に影響を及ぼします。

知性が豊かになれば表情まで変わってきたり、発情期モードのセックスの積み重ねでは、脳が貧しい記憶しか蓄積せず、その人の精神的成長も阻害《そがい》されかねないのです。

大脳新皮質は、人間の性を、単なる下

半身の問題ではない、より複雑なものにしているといえます。

親がウザくなる季節

思春期のプライド

よし子さんが、中学二年生の長男に、「ババア！　死ね！」といわれて落ちこんでいました。たしかに口うるさい母親ですが、「明日の遠足の準備はちゃんとしたの？」といっただけで、なんでそこまでいわれなきゃならないの、と、ボヤくのです。

体が急激に変化してくるこの頃、誰だってなんとなく、「親」という存在が、妙にわずらわしくなってきます。いちいち指図《さしず》されたくない子どものプライドを、察してやるのも、親としての思いやりというものです。

お父さんは嫌い、お母さんはうるさい、大人は何もわかってくれない……。

じゃあ、あなたという人間が、まだ、か弱い子どものままかというと、からだのほうは「ちがう」といってる。でも、「大人」というにはまだ何か足りない。

ちょうどそんな頃に、女の子は男の子が気になり始め、男の子は女の子が気になり始めるもののようです。だからなおさら親を避けてしまうのですね。

こんな時期に、心配のあまり親が子どもを疑うことは、ルール違反だと思います。

わが子も　もう親に隠しごとをする年頃なんだな、とか、らぶ♥を知り始めたのだな、と、しみじみわが子の成長を認めるしかありません。

その代わりに、親は子どもに向かって、「自分で責任のとれないこと、人を傷つけるようなことはしてはいけない」という大人のルールを教えておかなければなりません。

あなたを心配している。でも、信じている。

この二つのメッセージが、ちゃんと伝わっていれば、子どもは子どものプライドにかけて、自分の行動をコントロールするはずです。

「自分」制作中

欧米では、性に対して、日本のように「恥ずかしい」とか「かくすべきもの」という意識があまりなく、ヨーロッパでは、母親が、自分の通っている婦人科に娘を連れていって、小さいうちからいろんな話を聞かせることは、ごく当たり前の光景です。子どもたちは、成長の過程で、セックスについての具体的な知識や、責任について学んでいるようです。

何より、自分のからだについて知ることは、自立のための大切なステップなのです。

意味もわからず、人まねでするセックスは、自立とはほど遠い、幼稚園児に等しい行為です。幼稚園児なら、お父さんやお母さんの言う通り「いい子」にしていればいいので、まちがってもセックスなどという「大人の責任」を伴うことに手を出してはいけません。

「やる」からには責任をもつ。

そしてその責任のひとつに、セックスについて、「本当のことを知る」ことが含まれます。

私はいつも、「セックスを体験するのは遅いほうがいい」と高校生に話すのですが、それは、まず心の栄養をとってほしいということのほかに、からだがホルモンの激流《げきりゅう》に翻弄《ほんろう》されているこの時期には、心だけでなく頭の働きもまだ不安定で、何かを冷静に判断することは、とてもではないけど、むずかしいということがあります。

毎日、クルクルと気分が変わって、自分がどこにいるのか、自分の気持ちがどの辺にあるのか、自分でもつかまえられません。

ただはっきりしているのは、もう親のいうなりにはならない「自分」というものが、どんどん大きくなってきたことです。

もちろん、もっと前からあなたは存在していたのですが、あなたならではの価値観や趣味が、ずいぶんはっきりしてきて、親とはまったく別の人間である「自分」を意識し始めるのが思春期——人生で一番大切な季節です。

自分が人からどうみえるか、気になります。

そのくせ、まわりの誰からもおさえつけられずに、自分の思うようにやってみたいのです。

その最大の邪魔者が親、だとしたら、親が大嫌いになったりするのも、ある程度はやむをえません。

それでも、親は親で、自分と同じ世界に住んでいたわが子が、遠くに離れていく淋しさを味わっていることは、わかってほしいと思います。

思春期は、自分で一生懸命《いっしょうけんめい》自分をつくっていく時期です。まわりの大人や、自分以外の何かを否定することで、それらとは別の自分が、だんだんはっきりしてきます。

その自分づくりの大切な一部に、「自分の性と出会う」ことが、含まれているのです。

らぶ♥のライセンス

親離れしたい人は、なおさら、「自分の責任」ということを考えるべきです。

自分の頭で考えて行動できなければ、やっぱり人真似で生きるしかないからです。

そんなのは奴隷の生き方でしかありません。

いい学校に進むために、いやいや勉強する人。友達に自慢できるカレシをゲットするために、ダイエットに励むあなた。誰からも好かれたくて、つきあいのいい子を演じる君。

本当に、あなたは、それが、したいの？

奴隷の勉強も奴隷の恋愛も、あんまりおもしろくはなさそうです。

自分から学校をやめた人が、「校則の代わりに、自分の行動に自分が全責任を負うのがキツイ」といったりしますが、自分を縛《しば》るものから解放されると、かえって前よりも「責任」ということを強く感じるようになります。

本当は、こんな責任感がある人だけを、「大人」と呼びます。

欧米では、男性が十代の女の子をデートに誘うときには、一般的なマナーがあります。当日は、迎えに行って彼女の親に挨拶《あいさつ》をし、楽しい時間を過ごしたあとは、必ず家まで女の子を送り届けます。

「親の監督下《かんとくか》にある未成年の女の子を外に連れ出す」デートに、親からの干渉はない代わりに、もし彼女の身に何か起こったら、その責任はボーイフレンドにあるというわけです。だから、外出にあたっては、責任をもって大切なお嬢さんを親から預かり、きちんと送り届けることが、男性として当然のマナーとされています。

これほどまでに欧米で「責任」が重視されるのは、契約や約束が重んじられる社会であるためです。小さな子どもでも、約束を破ったら、罰をうけます。

そんなふうに、大人になる途上で、「約束」や「責任」の大切さを叩きこまれ、それが人間どうしの信頼関係の基礎となることを、欧米の若者は学習していきます。

それと併行《へいこう》して、小さい時から性教育があるのですから、実際の経験へ至るまでに、きちんとした責任教育があるという点で、日本の若者とは、行動の中身がずいぶんちがっています。自分なりの責任の果たし方を、彼らは知っているのです。

らぶ♥のライセンスは、責任を重んじる人にしか、発行されません。

しない、するとき、すれば

オクテのあなたに

私が三年前に、東京都内の公立高校で性体験について調べたとき、三年生八十一人のうちの59%が体験者で、セックスすることも、妊娠に気づいて中絶することも、「本人の意志」とする意見が多かったのを覚えています。

優《まさる》くんは大学一年生。カノジョとの交際はそろそろ二年。いつかはこの人と、と心に決めているのに、まじめな彼は、恥ずかしくて、うまく切り出せず、「今日こそ」と思ってもブレーキがかかってしまい、どうしたらいいのか深刻に悩んでいます。

そもそも、童貞《どうてい》なので、手順そのものがよくわかりません。さらに、どうもカノジョのほうが自分より経験豊富な気がして、なおのこと、コワイのです。

私にいえることは、「お互いが、自然にしたいと思えるまで、無理にしなくてもいいよ」ということです。

「する」「しない」は、そのカップルがどんなつきあいをしているかによって、本当にさまざまな形があり、選択があります。

友達の話は、参考にはなっても、自分が同じとは限りませんし、友達のカレシがそうでも、自分のカレシは別の人間ですから、結局どんなふうにするのが二人にとっていいのか、誰も教えてはくれません。

思春期を過ぎても、セックスは必修科目ではなく選択科目であっていいと思います。その人なりのタイミングで、失敗も含めてその人なりの経験を重ねていくのが　一番ハッピーな方法です。

ほかの誰のものでもない、自分だけの経験。それがあなたをつくっていくのです。

試行錯誤《しこうさくご》って、とっても素敵なことだと思います。

性の必修科目

それよりも、「どうしてもする」というなら、「次の必修科目をマスターせよ」といいたいところです。

次の項目について、「それぞれ三百字程度で説明せよ」といわれたとき、全部正しく答えられる人が、どれだけいるでしょうか。
・男女の外性器《がいせいき》のしくみ
・思春期における男女の性機能の発達
・勃起のメカニズム
・生理（月経）のメカニズム
・妊娠のメカニズム
・避妊の方法
・人工妊娠中絶《じんこうにんしんちゅうぜつ》の害
・性感染症の症状と予防

（解答は139ページ）

あまり早い経験をすすめたくはありませんが、少なくともここに挙《あ》げたことについての知識が最低限あれば、キケンなセックスで、お互いが傷つけあうことだけは避けられます。自分自身を守るために、そして相手を大切にするためにも、きちんと知っておきましょう。

セックスは二人ですること

私が高校生に「セックスって何のためにするの?」と尋ねて、がっかりさせられるのは、「生殖のため」という答えと「快楽を得るため」という二つの答えしか出ないことです。「やってる割には、あんまりわかってないではないの」と、言いたくもなります。

一番大切なのは、セックスが「二人ですること」だということです。

コミュニケーション、連帯、共同作業などともいえますが、セックスは、ひとりでするのではない、二人の人の行為だというところが大切です。

「生殖」も「快楽」も、もちろん大切ですが、「誰と一緒に」それをするのが、あなたにとってハッピーか、ということを、考えてほしいのです。

「別にハッピーでなくたって、とりあえずヤリタイ」という人もいるでしょう。でも、「とりあえず」を百回くり返すのと、たった一度の心のこもったセックスとは、満足度において、とうてい比較になりません。セックスは、下半身だけの問題ではなく、必ず脳にフィードバックされる経験でもあるのです。

セックスを、単純に「刺激→勃起→射精→満足」としてとらえている男性のなかには、自分から進んでポルノ教育を受けた結果、女の子はオモチャだという考えをもつ人もいます。

でも、人間は、サルではないんです。自分で自分を客観的にみて、自己認識することのできる動物です。

素敵なセックスは、単に肉体的快楽だけでなく、心の深い部分に満足を与えてくれ、心の栄養にもなりうるものだと思います。それが、あなたという人を少しずつつくっていくのです。

そして、自分の性と、ハッピーに向き合えたとき、男であり、女であることを通して、人間としての自信がついて、心もからだも生き生きしてきます。

パートナーの大切さに気づくのは、そんな時です。

愛しているなら

人は恋をしてはじめて子どもらしさから抜け出せる——フランスの作家の言葉です。

はじめて人を好きになったことは、私に、自分の感情をおさえることを教えてくれた気がします。時代はちがっても、恋の初期症状は、やっぱりみんな同じように、自分の内面に向かうものではないでしょうか。

それがひとたびお互いの距離が縮まると、一気に進展するところが、今と昔のちがいですが、最近は、「愛があればいい」といって、若い人のセックスが、正当化されているようです。

でも、愛って、いったい、何？

そんなにあわてて確認しなければ逃げていってしまうくらい、寿命《じゅみょう》の短いもの？

自分本意でなく、相手の立場に立って、相手の気持ちを思いやること――それが愛の本質だと、私は思います。だから愛のあるセックスは素晴らしい経験になりうるのですが、それが予期せぬ妊娠につながった場合、みなさんは素直に喜べるでしょうか？

高校生のカップルの中には、「妊娠した場合は中絶する」と、あらかじめ約束している人もいるそうです。でも、本当に愛している女性に、からだを傷つける中絶をさせて、胸が痛まない男性に、軽々しく愛という言葉を使う資格はありません。

ほとんどの場合、予期せぬ妊娠と、そのあとのゴタゴタは、二人の関係にいい影響を及ぼしはしません。結果として、お互いに傷つけあうことになるからです。

でも、その結果は、二人の愛が招き寄せたことでもあるわけです。

だったら、その愛って、何だったんだろう？

「大切な人だからこそ無責任なことはしない」という考え方も、愛のひとつの形だと、みなさんは思いませんか？

ココロとカラダに春

彼女がキレイになったワケ

女の子どうしで、友達が確実に「変わった！」とわかる瞬間があります。

カレシができてキレイになることもあるし、反対に失恋してからびっくりするくらいキレイになる人もいます。

はっきりしているのは、恋という経験が、女の子のからだに、活発な女性ホルモンの分泌《ぶんぴつ》をもたらして、肌や髪を美しくすることです。

とくに卵巣《らんそう》から分泌されるエストロゲンは、肌を美しくするのにひと役買っている女性ホルモンとして有名です。

肌のみずみずしさを保つにはコラーゲンと水分が、弾力を維持《いじ》するにはエラスチンが必要ですが、血液の中にエストロゲンが豊富にあると、これらの美肌成分が維持されるのです。

ただし、エストロゲンが出るためには、まず、脳からの指令が必要です。

好きな人のことを思って、胸をはずませる気持ちが、脳に活発な「ゴナドトロピン（性腺刺激《せいせんしげき》ホルモン）」を出させ、卵巣からのエストロゲン分泌を促します。

肌はしっとりすべすべになり、髪はつややか。自分でもうっとりみとれるほどの美しさ！

「皮膚は体表《たいひょう》をおおう脳」ともいいますが、好きな人と指先がふれただけで、一日ドキドキして、脳に電流が走りっぱなし、なんてこともありますよね。

たとえそれが片想いでも、女の子は、キレイになるようにできているものです。必ずしも裸にならなくても、人を好きになる気持ちが、ホルモンを出させるように思います。

らぶ♥って、心とからだの総合芸術ではないかしら。

感じるハート

女性誌の「セックス特集」に書かれる通り、「セックスできれいになる」ことを、自分や友だちの例をみて、納得する人もいるでしょうか。

雑誌では、「感じる」とか「感じさせる」方法が図解されていて、読んだ人が、「それをマ

スターしなければ」という強迫観念にかられないかと心配です。

胸のドキドキや呼吸の乱れは、みごとに省略されていて、「Aのボタンを押せば、Bの反応が起こる」といった明快さで、こんなふうにはじめから失敗を避けているマニュアルは、なんだかつまらない気がします。

すべての人にそのテクニックが通用するかのように、「男」をひとくくりにしているところも、「ほんとにそうかな？」と思わせます。

だって、ある人にとっては「○」でも、ほかの人には「×」かもしれないことって、自分で思っているよりも、ずっとたくさんあるものですからね。

あなた自身、その日によって気分も体調も、全然ちがうし、パートナーのコンディションも、好みも、少しずつ変化しています。だったら、自分のそのときの感覚や相手の様子をみながら、二人で工夫していくのが、きっと楽しいはず。

テクニックなんか知らなくても、ちっとも困りません。

人間のセックスが、オスがメスの背後からのしかかる動物の交尾《こうび》とちがうのは、向き合って、お互いの目をみつめて、心もからだもひとつになることです。

だからこそ、ドキドキできるし、幸せだと感じるんですよね。

らぶ♥って、テクニックとは無関係に、ハートで感じるもの、だと思います。

してしまってから、「しまった！」

予期せぬ妊娠

らぶ♥を知り始める年代の女の子にとって、一番心配なことは、おそらく、「今月の生理がまちがいなく来るかどうか」だろうと思います。

最近は、妊娠検査薬《にんしんけんさやく》が市販されているので、自分で、妊娠したかどうかを確かめることができますが、確認が簡単になっただけのことで、「妊娠したのではないか？」という恐怖感から、女の子が解放されるかどうかとは、まったく関係がありません。

まり子さんは十九歳。四年制大学の二年生です。交際一年半になる二つ年上のカレシがいます。ごく一般的な仲のよい恋人どうしでしたが、カレシはコンドームを使いたがらず、避妊はいつも膣外射精だけでした。

二月には確かに生理がありました。まり子さんは、自分の周期をだいたい二十八日だと知っています。

三月に、生理は訪れてくれませんでした。気のせいか、友だちとお酒を飲んでも、胸がむかむかするようです。ほんの少し、遅れているだけかしら……。

でも、予定日をもう十日も過ぎてしまった。

悪い予感がして、カレシに妊娠検査薬を買ってきてもらいました。

結果は陽性でした。

中絶という選択

やっぱり——と思うと、まり子さんは、涙が止まりませんでした。カレシは、「君のからだが心配だから産んでほしい。両親にもきちんと話して結婚しよう」といいました。

でも、まり子さんは、「あなたが好きだからこそ、いつかあなたと結婚したいからこそ、今は産まないほうがいいと思う」といったのです。

彼女はとても冷静でした。まだ学生の身である二人が、今、子どもができたために、あたふたと結婚してしまうことは、きっと将来に後悔を残すことになる。

彼は、来春に就職をひかえて、自分の力で生活していく自信がつくには、まだまだ時間がかかります。彼女は彼女で、夏休みのアメリカ留学やアルバイトの計画があり、勉強も中途半端で終わらせたくはありません。どうしても大学は出ておきたかったのです。

結局、二人は親には黙っていることに決めました。未成年でも親に連絡されずにすむ病院をみつけ、八万円払って、まり子さんは中絶手術を受けました。

ベッドに横たわり、麻酔をされたとき、「もう子どもを産めないかもしれない」という思いが、まり子さんの心をよぎりました。

でも、学生の二人にとって、今が子どもをもつべきときではないのは明らかです。

泣きながら彼女は、やっぱり自分は、後悔していない、と、思いました。

「予期せぬ妊娠」世界一

第二章でお話ししたリプロダクティブ・ヘルスの視点に立てば、まり子さんには、「今は産むべきではない」という意志があった点で、妊娠や出産に、ある程度は自覚があったといえます。

でも、「意図《いと》しない妊娠をしてしまった」ことは、避妊が完全でなかったことを示しています。そのせいで、悲しい思いをしなければなりませんでした。

外国に比べて、日本は、「意図しない妊娠・出産の比率がきわめて高い」という事実があります。あまり喜ばしくない勲章です。

一九九五年に四つの国を対象として行われた調査では、全出産に対する望まれた出産の比率は、フランスの66％を筆頭《ひっとう》に、中国の47％、アメリカの43％、次いで、日本が36％と、一番少なくなっています。

裏を返せばこれは、予期せぬ妊娠・出産の多さにほかならず、日本36％、アメリカ19％、中国13％、フランス12％の順となっています。

この数字は、日本のカップルの避妊が不完全であること、「妊娠すれば結婚すればいい」と安易に考えていることを表しています。また、八割という圧倒的多数がコンドームに頼り、膣外射精が二割近いことにも、女性の側が主体的に避妊をする習慣がないという日本の事情が表れています。

十代に限らず、二十代や三十代の大人と呼ばれる年齢になっても、すべての女性は、自分の希望しない妊娠をすべきではありませんし、自分のからだを傷つける中絶だけは、断固避けるべきです。

一般に中絶は、胎児《たいじ》が大きくなりすぎて母体《ぼたい》に深刻な影響を及ぼさないよう、妊娠三ヵ月までに行います。全身麻酔をかけて、器具を使って胎児や胎盤《たいばん》をつかみ出しますが、そのさいに、子宮を傷つけることがあり、流産《りゅうざん》や不妊症《ふにんしょう》の原因となりますので、いずれ子どもをもちたいと思っている人には、絶対におすすめできません。

からだだけでなく、中絶が、女性の心に与えるダメージは深刻です。その後、セックスに対して臆病《おくびょう》になることもあります。

女の子が妊娠したとたんに、態度が急変して離れていってしまう男の子は、けっして少なくありません。まったく無責任な話です。一度の失敗にコリることなく、同じ失敗をくり返す男もいますが、自分に心身の痛みがないにせよ、人間として、許しがたい態度です。

妊娠を告げて、はじめてカレシの本性《ほんしょう》がわかるということは、よくあることです。

中国・日・仏・米における妊娠と出産

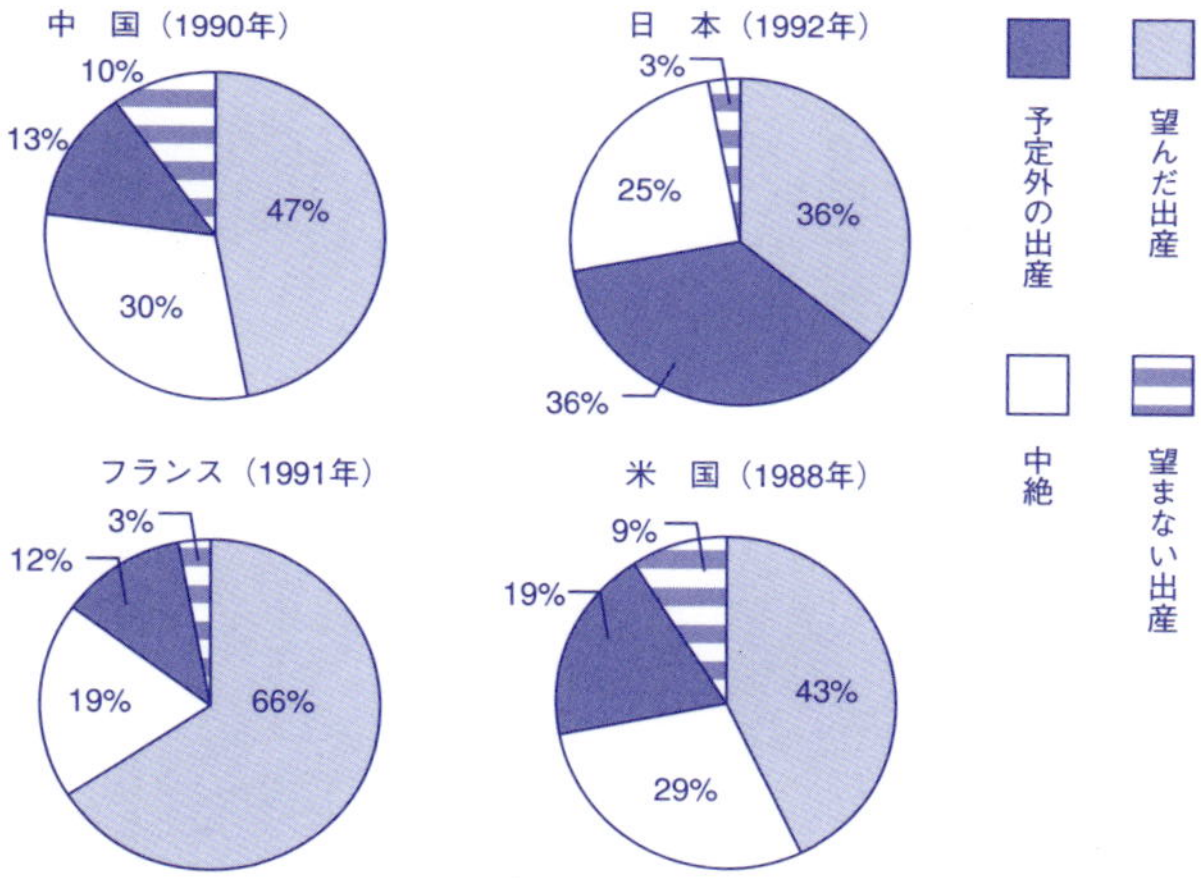

1995年、アラン・グッドマッハ研究所調査

STDは世間の迷惑

もうひとつ、らぶ♥が連れてくるキケンなものとして、最近問題になっているのが、「性感染症（sexually transmitted diseases＝STD）」です。

エイズの血液感染など、ごくわずかの例外を除き、セックスが感染の原因であるだけに、自分の責任で引き起こしている病気であることは事実です。

いくら自分が性経験に乏《とぼ》しくても、STDはひとごとではなく、セックスすれば、誰もが必ず感染のキケンがあります。

カラー写真をお見せできないのが残

念ですが、141ページの表にまとめた通り、性感染症は、からだのあちこちに、かなりムザンな足跡を残します。

厚生省の調査では、女性には性器クラミジア感染と性器ヘルペスが多く、男性には淋病《りんびょう》が多いということです。一九九九年六月現在で、日本でクラミジアに感染している女性は、推定八六・五万人です。

とくに女性の場合、「症状がはっきり出ない割には治りにくい」のが、STDの特徴です。梅毒《ばいどく》や淋病のような、かつての「性病」は、原因となる細菌を抗生物質で殺せば治りましたが、最近では、その種の薬がきかないクラミジアという微生物《びせいぶつ》や、ウイルスが原因の病気がそれにとって代わるようになってきました。

静かに、症状も乏しく、あなたをむしばむ病気——ゾッとしますが、エイズなど、その代表的なものです。

中でも、女性に多い性器クラミジア感染は、おりものが増えますが、おりものには個人差があり、月経周期によっても変化するため、深刻に考えず、放置して、気づかないうちにパートナーにうつすこともあります。

そして、感染が徐々に進行して卵管《らんかん》に至ると、骨盤内感染症《こつばんないかんせんしょう》を起こします。

性器クラミジア感染症報告数（厚生省・感染発症動向調査による）

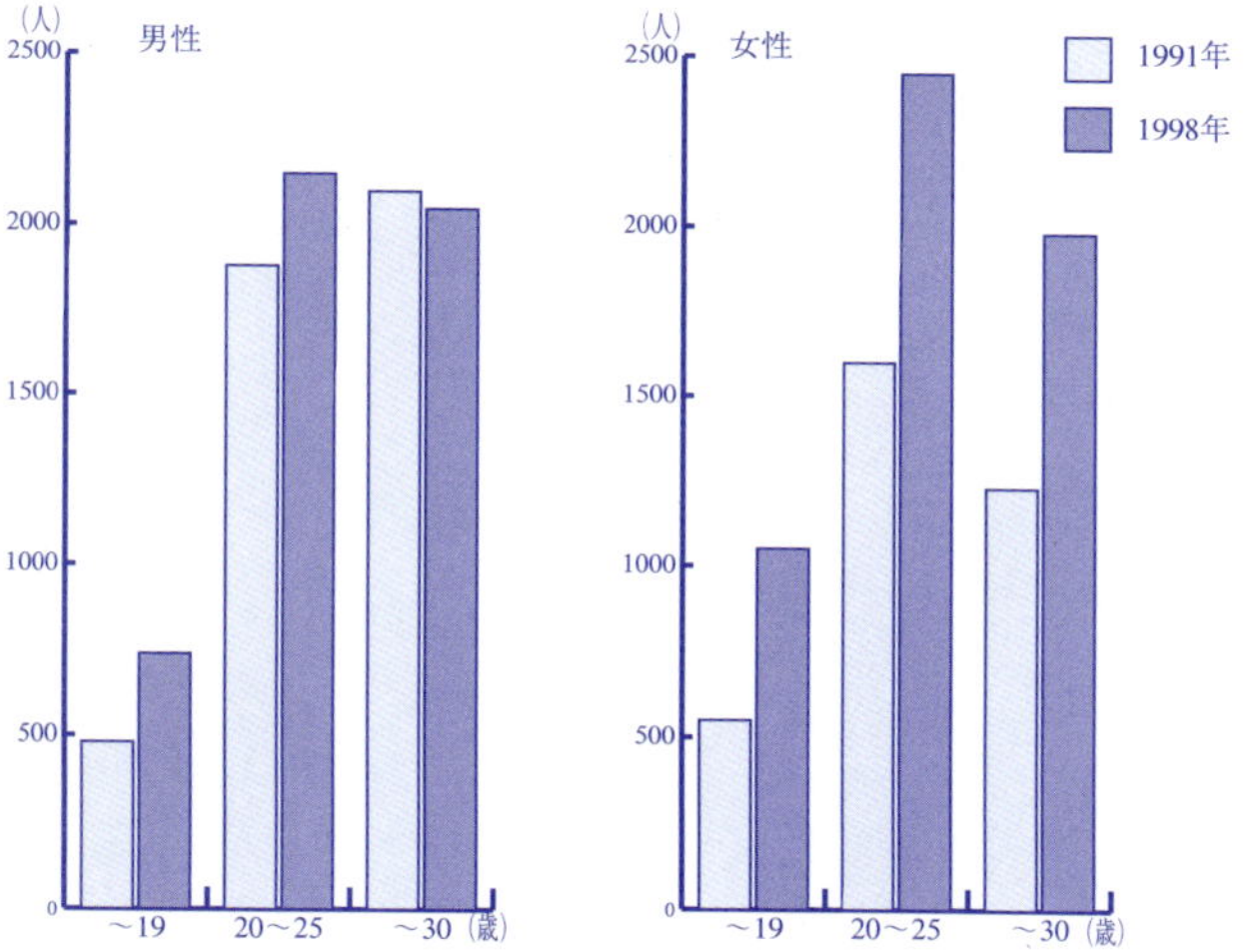

それが原因で卵管がつまると、かなりの確率で、治りにくい不妊症になり、妊娠しても、子宮外妊娠《しきゅうがいにんしん》や切迫流産《せっぱくりゅうざん》になりやすいといわれます。

クラミジアに感染した母親から生まれる赤ちゃんは、母子感染を起こして、真っ赤に充血した目の「新生児結膜炎《しんせいじけつまくえん》」などになりますし、「新生児肺炎」になれば、ミルクを飲むこともできません。

そんなふうに、自分だけでなく、自分以外の人間に大きな迷惑をかけるのが、性感染症のこわいところです。

自分自身が「つながってる」こと、自分のしていることが、世界と無関係ではないことを、思い出してください。

「しまった！」は防げるの？

避妊速習講座

すべてのセックスには、妊娠か、性感染症にかかる可能性があります。中絶は心身ともに女性を傷つけ、ＳＴＤは世間の迷惑です。まずは、妊娠を避ける方法をきちんと知っておきましょう。

ポピュラーな避妊法としては、大きく三つのタイプがあります。一つ目は、オギノ式や基礎体温法に代表されるように、予測される排卵日を避けてセックスをする方法。二つ目は、男性がつけるコンドームなどのように、精子を膣の中に入れない方法。三つ目が、マイルーラなどのように、あらかじめ女性が、膣の中に精子を殺す薬剤を入れておいて受精しないようにする方法です。

ただし、ティーンエイジャーにはあまり適当でないのが、

各避妊法のしくみ（100人の女性が1年間使った失敗率＊）

ピル	女性がホルモン剤を服用して排卵抑制し、避妊する。（0.1%）
不妊手術	精管をしばる手術により、男性は射精時に精子が出なくなり、女性は卵管を閉じることにより、卵子が精子と出会うことを妨げる。（0.1～0.2%）
子宮内避妊器具	女性が病院で子宮内に避妊器具を装着し、受精卵の子宮内膜への着床を妨げる。（1%）

基礎体温法《きそたいおんほう》です。

普通の体温計より目盛りの細かい婦人体温計で基礎体温を測ることによって、生理から次の生理までの間に低温期と高温期があること、低温期から高温期に移る直前に一段体温の低い排卵期があること、そして高温期から低温期に移る頃に生理（月経）があることがわかります（49ページ参照）。

原理そのものは簡単で、排卵日の前後五日ほどの一番妊娠しやすい時期を避けてセックスを行えば避妊につながるというものですが、残念ながら、十代の女性では、まだ月経周期がきちんと定まっていないことも多く、排卵日を正確に知ることがむずかしいため、とくに高校生の避妊法としては、おすすめできません。

コンドームについて説明する時には、よく試験管などにかぶせてみせたりしますが、使い方のポイントは「勃起したらつける」ということ。射精しなくても、セックスの途中では、ペニスの先からは精液が少し分泌されて、その中にある精子が腟の中に入りこんでしまうとい

コンドーム	男性がセックス時にペニスに装着し、精子が腟内に入るのを防止する。（2～12%）
オギノ式	月経周期から予測される排卵日を避けて、セックスする。（2～20%）
殺精子剤	女性が腟の奥に挿入した薬剤で、腟の中で精子を殺す。（3～21%）

＊数字は、米国FDAの資料より

うことは、よくあるのです。

殺精子剤《さつせいしざい》には、錠剤、ゼリー、フィルムの三タイプがあり、水を張《は》ったシャーレに入れてすぐに溶けるのを見てもわかる通り、膣の中で分泌物に溶けて、効果を発揮します。

ペニス挿入直前に、膣の奥に入れるようにします。

若い人には、コンドームもしくは殺精子剤が比較的利用しやすいといえますが、「膣の中に精子を入れていないつもり」で、多くの人が行う膣外射精が、避妊の失敗を招《まね》く信用できない方法であることも、知っておくべきでしょう。

もちろん、世の中に完璧な避妊法が存在しないことも――。

STD予防の心得

STD予防で一番大切なのは、「早すぎるセックスを経験しない」ことです。

とくに十代の女性では、膣の粘膜が十分に発達していないため、セックスによって傷つくことが多く、傷口から菌やウイルスが感染しやすいのです。

膣の粘膜は、子宮が成熟してくるとともに、次第に柔らかく丈夫になってきますが、生理が始まってまだ三～四年しか経過していない女性の膣粘膜はまだ薄く、柔軟性にも欠けるため、無理にペニスを挿入して、粘膜がひっぱられると、傷ついて出血することもあります。感染に適した条件を備えているとさえいえるこの時期には、無理なセックスはしないのが賢明でしょう。口や肛門の粘膜からの感染もありえます。

また、仮にセックスを経験したとしても、必ずパートナーをひとりに決めておくことが大切です。お互いが、相手を大切に思って、ただひとりの人とだけセックスをしていれば、まず、震源地《しんげんち》のわからない感染は防げます。

今日はじめて会った人と、気安くセックスすれば、必ず感染のキケンがあります。その人が、過去一年間に三人の人と交渉しており、さらにその相手がそれぞれ……と考えると、STDのドミノ現象が起こっても、不思議ではありません。

経験が早ければ早いほど、相手が多ければ多いほど、将来大人になってから子宮頸《けい》がんになる危険も高いのです。

もうひとつ大切なのは、性感染症にかかったかなと思ったら、必ずパートナーと検査に行くことです。

「カレシがクラミジアに感染してるから、私もうつされたかも」といって、私のところへ相談にきた女生徒がいましたが、うつしたのは彼女のほうかもしれません。ただひとりの人を大切にセックスをしていないとしたら、自分がどこかで感染しているキケンは十分にあることを認識してください。

そして最後に、いうまでもなく、セックスのときには必ずコンドームをつけて、粘膜の接触を防ぐことが、感染防止のマナーだといえます。

セックスは大人のすることであり、大人の責任をともなうことだということを、肝に命じておくべきです。

Ⅳ　らぶ♥の正しい使い方 ——Ｉモード

失敗を親友にする

トラブルの代償

予期せぬ妊娠が中絶という結末を迎えたり、性感染症の治療に通ったりするとき、現実問題として、少なくないお金がかかります。

中絶には健康保険がききません。保険のきく性感染症の治療でも、自分の収入で生活していない限り、親に内緒で保険証をもち出せず、トラブルと出費のダブルパンチを食らいます。

第三章で中絶を選んだまり子さん。彼女のからだは少なからず傷つきました。誠実なカレシがいてくれたことは救いでしたが、やはり心が傷つかなかったといえば、嘘になります。でも、この事件をきっかけに、これまで二人の間で正面きって話し合えなかったことを、口にすることができるようになりました。とくに避妊は、二人の常識になりました。一番成功率の高いピルを使うことも相談しています。

将来結婚を考えている人の子どもを、堕《お》ろしてしまった——このことは、悔やんでも悔やみきれない経験として、まり子さんの心に刻みこまれましたが、それとひきかえに、お互いを大切に思いやる気持ちは、前よりずっと大きくなりました。

二人は、確実に、階段をひとつ上がったようです。

自分が変わるチャンス

若くても若くなくても、人間は、「変わる」ことのむずかしい動物です。

でも、もしも心から「変わりたい」と願えば、別人のようになることができます。

それほど人間の心は自由なものですし、人間という丸ごと一個の存在は、心のもち方が、その行動から印象までをガラリと変えてしまうくらい、不思議な柔軟さがあります。

ですから、みなさんが、何か失敗に出会って心の底から「こりた」とき、必ずしも自分を恥じたり自殺を考えるのではなくて、起きてしまったことから逃げず、きちんと向き合うことで、大きな失敗を、これまでの自分に地殻変動《ちかくへんどう》を起こして、思い切り自分を変えるチャンスだと受けとめてほしいと思います。

それは、失敗を経験した人だけに与えられる特権でもあります。一生のうちに何ひとつ失敗をおかさない人は、もしかしたら、自分を変える機会も少ないのかもしれません。

経営の神様と呼ばれた松下電器の故・松下幸之助さんは、病気について、おもしろい言葉を遺《のこ》しています。

病気をこわがったりしないで、むしろ積極的に病気と仲よくするぐらいの気持ちでいれば、そのうち病気のほうから卒業証書をくれるのですって。

「病気」の代わりに、ここに「失敗」を入れてもいいですね。

赤ちゃんはどこからくるの？

若い親バカさん

私が教えている大学では、建物を入った一階のホールが、ギャラリーになっていて、四季折々に絵や写真が飾られています。

今年のはじめ頃には、私が撮った、二枚の「新米パパ」の写真もその中にありました。奥さんは、大学病院の母親学級で、お母さんになる勉強をした人です。

わが子の誕生を待つ若いカップルが、胎教《たいきょう》にいいからと、急にクラシックのＣＤを買ってみたり、姓名判断の本を買いこんだりしながら、少しずつ、親になる準備をしていく姿は、とてもほほえましいものです。

「すべての子どもは望まれて生まれるべきである」というリプロダクティブ・ヘルスの理念を実践している、ちょっと早い親バカぶりも、当事者ではない私たちまで幸せな気分にしてくれます。そして、新しい小さな生命の誕生——。

何億分の一より低い確率で、たったひとつの精子と卵子が出会ってひとつのいのちになったものが、九ヵ月とちょっとの魔法の時を経て、小さいながらも立派な人間の形をして、狭い産道をくぐり抜けて、この世界にデビューするのです。

何度その瞬間に立ち会っても、人間のからだは、なんてみごとに創られているのだろうという驚きが、必ず、私を襲います。

「自然」という人間を超えた大きな存在に対して、知らず知らず頭が下がります。

人間を生かしている大きな力にふれられる思いのする、大好きな瞬間です。

ウーマンズ・ライフ・アドバイザー

助産婦という名のつく人がすべて、「この仕事をしていてよかった」と思える瞬間が、赤ちゃん誕生の時であることは、誰も否定できないでしょう。

本当は、赤ちゃん誕生の手助けだけでなく、助産婦はもっと広い範囲で活動しているのですが、このことは、残念ながら案外知られていません。

ある見方をすれば、「性器にふれる」この仕事は、女性の健康や幸せを大きなテーマとしています。女性器という条件をもって生まれてきた人が避けて通れない、たくさんの悩みについて、よきアドバイザーを目指しているのが助産婦なのです。

生理不順から中絶、不妊など、具体的な悩みの背後に、その人の恋やセックスに関する悩みが透《す》けてみえることもあります。女性のノイローゼにも、往々にして背景に性の問題が横たわっており、性が、人間の根元的な問題として、いかに大切なものかがわかります。

あらゆる女性の悩みは、必ずどこかで、女性であることと無関係ではないように思われます。女性たちに、性に関するきちんとした知識をもってもらうことで、不安や悩みを解消することは、助産婦の仕事の大切な部分です。

中でも、妊娠と出産のしくみについては、男性も含め、もっともっとたくさんの人に知ってほしいと思います。

妊娠と出産と女性のからだ

生きる意味をみつけられないという若者に、一度でいいから、赤ちゃんの誕生を見学してほしいと思います。

それほど、ひとつのいのちが生まれてくる現場は、壮絶で感動的です。

妊娠が成立するためには、まず、精子と卵子が出会わなければなりません。

合格率三億分の一という狭き門をくぐった一個の精子が、自分より大きな卵子の中にもぐりこんで行われる受精は、卵子の寿命が排卵から約一日、精子の寿命がせいぜい三日であることを考えると、奇跡に近いほどの確率でもたらされるひとつの恵みだということがわかります。

受精卵が子宮内膜に腰を落ち着けると、ようやく母親とひとつに結ばれたことになります。これが子宮内膜への「着床《ちゃくしょう》」、つまり妊娠の成立です。

この卵が、片ときも休まずに変化して、だんだんと人間らしい形になっていくのは、不思議としかいいようがありません。約二ヵ月で、おおよその形ができあがります。

妊娠二ヵ月末の赤ちゃんは身長約二センチ、体重四グラムほど。三ヵ月末では九センチ、二十グラム、四ヵ月末で十六センチ、一〇〇グラムと、ぐんぐん育つのにあわせ、はじめ小ぶりのナスくらいの大きさだった子宮が、どんどん大きくなっていきます。

しかも子宮は、暖かい羊水《ようすい》に満たされ、夏も冬も変わらない温度の中で、赤ちゃんを守るのです。

母親は、妊娠後少しずつできてくる「胎盤《たいばん》」を通して、自分がとり入れた栄養を赤ちゃんに送りこんで、育てます。この時期、薬などを飲むと、お腹の赤ちゃんに悪い影響があったりしますので、風邪などひかないよう注意が必要です。

つわりに耐え、太りすぎに気をつけ、重いお腹を抱えて暮らし、陣痛《じんつう》を乗り越え、全身で、ひとつのいのちをこの世に送り出す——。

自分のからだが自分のものでないような感覚は、妊娠・出産を経験したすべての女性に共通したものだと思います。

自分が、大きな自然の一部であると知ることは、人生観さえ変える大発見です。だからこそ、子どもを産む経験が、女の人を強くするのでしょうか。

はじめてわが子を抱いたとき、クリスチャンでもないのに、思わず神に感謝したのを覚えています。「みどりご」という言葉は、まさにあのとき、手渡された宝物のためにあるのだと

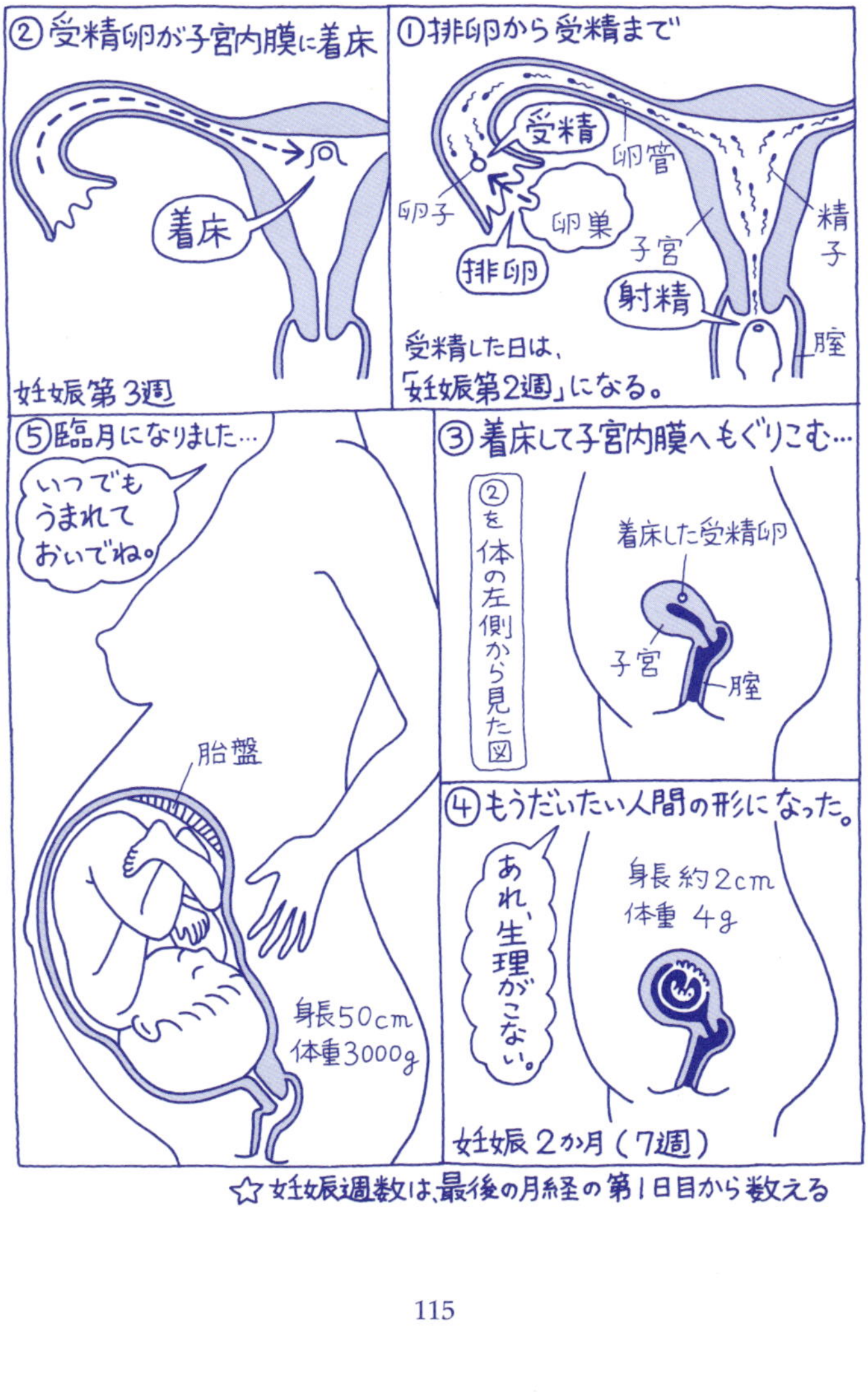

☆妊娠週数は、最後の月経の第1日目から数える

思いました。

へその緒が切られても、母も子も、やっぱりちゃんとつながっています。それぞれが、自然という大きな世界のリズムを、相変わらず共有しているのです。

性の自己決定

ピルの本当の意味

ピルは、望まぬ妊娠を避けるのに、一番成功率の高い方法として知られています。数ある避妊法の中で、ピルは、女性が自分の意志によって、自分でできる避妊法であるところに最大の特色があります。毎日決まった時間に飲むだけで、ほぼ完璧な避妊を約束してくれる合成ホルモン剤がピルです。

第二章でお話したように、女性のからだは、ホルモンが生み出す規則的なリズムをもっています。ここには、女性器が脳の中枢《ちゅうすう》と密接につながっているという背景がありました。ピルは、このしくみを利用しています。

ピルには、卵巣から出る二つの女性ホルモン（エストロゲンとプロゲステロン）と同じ成分が含まれています。そのため、ピルを飲むと、卵巣からのホルモン分泌がなくても、血液中に十分な女性ホルモンが存在するため、脳が、「卵胞を成長させる必要なし」と判断して、性腺《せいせん》刺激《しげき》ホルモン（卵胞刺激ホルモンと黄体化ホルモン）の分泌をストップさせるのです。

これで、卵巣での原始卵胞の成熟は抑制され、排卵は起こりません。排卵が起こらないので、確実に妊娠が避けられるというわけです。

一九九九年、日本でも、ようやく避妊用の低用量ピルが、厚生省の認可を受け、医師の処方によって入手できるようになりました。

ピルには、エストロゲン含有量が〇・〇五ミリグラム（50マイクログラム）の「中用量ピル」を境に、それより少ない「低用量ピル」、それを超える「高用量ピル」の三種類があります。

これまでも月経困難症《げっけいこんなんしょう》の治療薬として使われてきた中用量ピルは、血栓症《けっせんしょう》などのリスクがあり、避妊目的で毎日服用するものとして、エストロゲン量を〇・〇三ミリグラム（30マイクログラム）程度に減らして安全性を高めた低用量ピルが開発されています。

低用量ピルは、排卵抑制とともに、子宮内膜を厚くやわらかくしないため、受精卵を着床しにくくすること、さらに子宮の入り口から出る粘液《ねんえき》の性質を変化させて、精子が侵入しにくくするという三つの効果で、妊娠を防ぎます。また、妊娠を希望する場合には、服用を中止すれば、再び排卵が起こります。

通常二十八日がワンサイクルで、月経周期の第一日目から一日一錠を二十一日間飲み、七日間休みますが、飲み忘れを防ぐために、休薬期間中にホルモン剤の入っていない錠剤を飲むタイプの製品もあります。

ピルは、子宮内膜を厚くしないため、通常の生理がコントロールされ、休薬期間中に生理に似た出血（消退出血《しょうたいしゅっけつ》）があります。この出血量が、生理の時の四〇％程度に軽減されるので、いわゆる月経痛が楽になるという効用があります。

人によっては、頭痛や吐き気などの副作用があり、乳がんと子宮がんになる可能性がやや高くなるという報告もありますので、服用には注意が必要です。また、条件によっては、服用できないこともあります（表参照）。

低用量ピルの特徴

意　義

女性が自分の意志で選択できる避妊法であるため、ベターライフが得られるとともに、妊娠・出産の時期を自分で決定できる。

長所と効果

- 毎日ほぼ同じ時間に１錠ずつ服用するだけで、ほぼ完璧な避妊ができる。
- 長期間安全に使用することができる。
- 使用をやめれば、すみやかに妊娠可能な状態になる。
- 月経困難症、卵巣がん、子宮内膜症などを予防。

ピルを処方してもらうには、医師による診察と検査を受けます。通常、身長、体重、血圧、尿・血液検査などのほか、婦人科検診と性感染症の検査が行われます。

現在のところ、健康保険の適用がないので、初回は、検査費を含めて、一周期分で平均六千円～一万円前後の費用がかかります。

女性にとって、子どもをもつことは想像以上にたいへんなことです。望まない出産が、時として幼児虐待につながることを考えると、子どもの幸せのためにも、女性が妊娠を自分で決定し、実現することには、大きな意味があります。

確実性の高い避妊法であるピルは、そのひとつの有効な手段なのです。

自己決定の前に

ある若手社会学者が「性の自己決定」について、活発に発

欠点と副作用

- 毎日服用する必要があるので、飲み忘れると妊娠の可能性がある。
- 頭痛・吐き気・落ちこみなどの副作用がある。
- クラミジアの感染率が上昇する可能性がある。

使用を避けたほうがよい場合

- 高血圧の人は、使用により、脳梗塞《のうこうそく》または心臓病の危険がある。
- 肝臓病の人は、使用してはならない。
- 思春期の女性は、使用してはならない。

＊使用にさいしては、必ず医師の処方を受け、定期的に検診を受ける必要がある。

言しています。

援助交際さえもあえて否定しない彼によると、自己決定権とは、「たとえ自分に不利益があっても、他人に迷惑をかけない限り、何をしてもいい権利」だということです。少女たちは、エンコーで、万が一暴行を受けても、それを自己責任として引き受けているといいます。なるほど、誰もが自分の責任において、自己決定できれば、素晴らしいことです。

でも、その自己決定は、いったい、いつから可能になるのでしょうか？

「不利益を引き受ける」にしても、今、現在、目の前にない不利益を知ることは、そう簡単ではありません。

だったら、「今あなたがしていることには、将来的にこんな不利益がある。それでも、あなたは、それを『する』ことを自己決定していいの？」といって、知識を与える大人が、そこにいなくてはならないはずです。

中には、「精神異常者や六歳の子どもにも、自己決定させるべきだ」という人もいますが、私は、責任能力のない人に自己決定をさせても意味がないと思います。

医療の現場で、患者自身が方針を決定する「インフォームド・コンセント」でも、医師が簡単な説明だけして、無責任に突き放すよりは、医師としての専門的な判断も含めた説明が必要ではないかと思います。そのうえで、患者の自己決定が可能になるのです。

子どもが、「自分のからだだから、自分の好きなようにしていいのだ」と考えるのを、大人は、許すべきではないと思います。

「あなたのからだは、みんなからつくられて、守られてきたものなのだ」ということをきちんと教えないまま、子どもの自己決定に委《ゆだ》ねるのは、大人の無責任でしかありません。

若い人には、自分を大切にするための自己決定をしてほしいと思います。

自分を大切にできる人は、自分以外の人にも、その人なりの「自分」があることを、認めることができるものだからです。

高校生と援助交際の経験

	男子	女子
したことがある	30人（ 2.0%）	62人（ 3.9%）
したいと思ったことがある	61人（ 4.0%）	130人（ 8.2%）
したことがない	1384人（91.6%）	1383人（87.3%）

援助交際をした理由

（複数回答）

	男子	女子
お金がもらえるから	12人（42.9%）	45人（77.6%）
セックスをしたいから	11人（39.3%）	0人
好奇心やスリルがあるから	1人（ 3.6%）	7人（12.1%）
相手がやさしくしてくれるから	5人（17.9%）	3人（ 5.2%）
友だちにすすめられたから	0人	3人（ 5.2%）

援助交際をどう思うか

	男子	女子
よくないと思う	422人（28.0%）	535人（35.2%）
本人の自由でよい	330人（21.9%）	255人（16.8%）
後悔しなければよい	328人（21.8%）	439人（28.8%）

1999年調査「児童・生徒の性」（東京都幼・小・中・高・心障性教育研究会、学校図書）

大人を教育する

映画の中の賢いお母さん

本当は、「子どもの」性教育などする前に、大人自身に、「あなたは、性とどんなふうに向き合っていますか」と、尋ねることから始めるべきではないでしょうか。

子どもが、性に関する質問を、大人に向けて発した時に、逃げたりせずに、きちんと受けとめて答えてやることができたら、まちがった情報に踊らされる子どもは、どんなにか少なくなることでしょう。

典子さんが、東陽《ひがし》一監督の「絵の中の僕の村」という映画の話をしてくれました。双子《ふたご》の兄弟ともに絵本作家として活躍する田島征三《せいぞう》さんと田島征彦《ゆきひこ》さんの子供時代のひと夏のできごとを綴《つづ》ったこの映画で、お母さん役の原田美枝子さんが、子どもたちに性教育を授《さず》ける場面があったそうです。

夕立の中を走って帰ってきた双子が、お風呂上がりに裸ですもうをとって、なかなか服を

着ようとしないのをみて、中学生のお姉ちゃんが、

「雷さまにおチンチンとられるよ!」

というと、双子は、雷さまがとるのは、おヘソだといい返し、

「お姉ちゃんこそ、雷さまにおチンチンとられたんじゃ!」

と、お姉ちゃんにおチンチンがないことをはやし立てます。

夕飯のとき、お母さんが、そのことをやさしくさとし、

「お姉ちゃんにはおチンチンがない代わりに、おなかの中に大事な袋があって、その中で赤ちゃんが大きくなるのよ」

と教えるのです。

またある時は、双子の片方が、夜、寝返りを打つフリをして、隣で寝ているお姉ちゃんの浴衣の胸にタッチし、お姉ちゃんにぶたれます。

ある日、その子と一緒にお風呂に入ったお母さんが、

「女の人のからだ、不思議やと思う?」

と、ききながら、

「お母さんのからだをよくみなさい。ほら、おチンチンがないやろ」

と、自分のからだをみせるのです。

「その代わりに女の人には大事な穴があって、二人ともその穴から出てきたのよ。

お姉ちゃんも女だからお母さんとおんなじようになってるの。わかった？」

と教えます。

なんとみごとな性教育かと、話を聞いた私も、感心してしまいました。

こんなふうに、子どもが興味をもった時に、大人が上手に教えることができれば、どの子も、自然なものとして性を受け入れることができるでしょう。

性は、もっと明るいおおらかなものであるはずです。きたないとかいやらしいというイメージを、いつのまにか子どもが性に対してもたされてしまうとしたら、それは大人の責任であり、不幸なことではないでしょうか。

子どもが映し出すもの

次女がまだ四つか五つの頃、スーパーマーケットからお菓子をもって帰ってきたことがありました。きっと、食べたかったんだと思います。

「もらった」といいますが、そんなことはありえないと、きつく叱って、水の入ったバケツをもたせて、玄関に立たせました。ほんの数分。鬼母じゃないんですから。

小さいうちは、悪いことをしたら、すかさず、からだで覚えさせることが、私の教育方針でした。

もっと大きくなってからも、三人の娘たちには、「人のものをとってはいけない。人に迷惑をかけてはいけない。嘘をついてはいけない」という三つの禁を課していました。

この三つを破った時は、厳しく叱りましたが、だんだんと「自分で自分を罰する」クセをつけさせるようにしました。以来、自分自身をかえりみては、物差しで自分の腕を叩いたりして、娘たちは、それぞれに、自分の行動をチェックすることを覚えていったようです。

わが家の三つの禁は、あまりにも常識的なものですが、昨今それすらもわからなくなっている子どもが増えているのは、悲しいことだと思います。

わざわざ「エゴイスト」というブランドを身につけている若い女性も目にします。自分さえよければいい。人を平気で傷つける。ホンネとタテマエを使い分ける。セックスも、人を傷つけるセックスをしたら、それは、ものをとったのと同じくらいひどいことです。気のりのしないセックスは、自分自身に嘘をつくことです。

こんなことすら、わからなくなっている子どもが現実にたくさんいるのは、その子に善悪を教えこむ大人の迫力不足を表している気がします。

素敵な「私」モード

四十歳過ぎて大学へ

私自身の人生のターニングポイントは、四十歳になる頃に訪れました。

高校を出てから、国立の看護学校と助産婦《じょさんぷ》学校へ進み、二十二歳で卒業して二年ほどで結婚。すぐに長女が生まれましたが、産休が明けるとすぐ、保育園に預けて、助産婦の仕事に復帰しました。

若かったのと職場が近かったおかげで、なんとかやりくりできたものの、子どもの送り迎えは時間のあるほうがするなどといった、夫婦の連係プレイは不可欠でした。二人三脚の子育ては、親戚や友人など、まわりの人にもずいぶん助けていただきました。

四十歳を過ぎた頃、私は、これまで仕事と家庭に全精力を捧《ささ》げてきたわが身を振り返り、猛然と「自分のための時間がほしい」と、思うようになりました。

仕事、家庭、仕事、家庭、とスイッチを切り替えるような生活の中で、観《み》たい映画すら観られない母親業を、もうそろそろ卒業してもいいのではないか。このまま棺桶《かんおけ》に入る前に、もう少し自分を試してみたい。とにかく、勉強がしたい――。

そういえば、私、本当は大学へ行きたかったのです。通信教育で大学へ行くこと思い立ち、毎年願書を取り寄せていた慶応大学の文学部への入学を決心しました。

ところが、半年経って一単位もとれず、私はアセり始めました。修了する人は全体の五％にも満たないと聞いてはいましたが、これほど厳しいとは――。

ちょうど、東京で「看護短大の教官に」という話があり、一挙両得《いっきょりょうとく》とばかりに、家族を説得して上京を決めました。四十二歳の私が、はじめて、昼間は仕事、土日と夜は自分の勉強というライフスタイルをスタートさせることになったのです。

英語に苦しめられる

毎日、充実した生活が始まりました。政治、経済、心理学、法学、哲学……大人になってからする勉強は、若い頃とは打って変わって、おもしろいことだらけです。

課題のレポートのほかに、土、日に試験がありましたが、のんきな私は、十分勉強ができていなくても、欠かさず試験を受けることにしていました。

とくに、苦手な英語には泣かされ通しで、慶応大付属の英語学校で、基礎から勉強し直したほどです。職場の英語の先生の協力を得て書いたレポートが、Aでパスしてしまったりもしましたが、実力が暴露される試験だけは、ごまかしようがありません。

金曜の夜から徹夜でお産に立ち会って、ボーッとした頭で、土曜日の試験を受けたこともありました。英語学校で中級に進むころ、受けては落ち、受けては落ち、五回目のチャレンジで、なんとか単位がとれました。

なまじ英語が得意な人は、落ちたショックで、講座そのものを放棄してしまいましたが、私は、「まぐれで受かるかもしれない」とか、「どうせダメでも、少なくとも一時間は英語を勉強できる」とか考えて、人が呆れるほど挑戦をくり返し、どうにか四年かかって大学を卒業することができました。

のんきな性格も使いようです。

その頃、聖《せい》学院大学の大学院新設にあたって、埼玉県大宮市に赴任《ふにん》することになった、かつての恩師・前田信雄先生が、「僕のところで研究をしませんか」と、声をかけてくれました。

二十年前にも、前田先生のご指導のもとに、「出産の経済」をテーマに選び、論文を書き上げていたのですが、今回は、少子化の問題やリプロダクティブ・ヘルスなどを、政治政策という側面から扱った論文を書き、政治学で修士《しゅうし》をとりました。

大学院修了の証書をもらった時には、誇らしさでいっぱいでした。キャップをつけて、ガウンをまとった学位授与式《じゅよしき》は、一生忘れることができないでしょう。

「哲学の小道のうらに小道あり。淋しくあれど、我独《ひと》りゆく」という恩師の言葉をもち出すまでもなく、知識を得、ものごとを深く考える時間をもつのは、人間の特権であり、大きな喜びだと思います。

ペアが生み出すエネルギー

少女時代、やせ薬の誘惑にかられたり、自分はモテる友達の引き立て役か、と悩んでいた私が、これほど好きなことのできる人生を歩めたことは、家族を含め、たくさんの人に助けてもらっているおかげだと、いつも感謝しています。

周りの人を大切にして、いつも、「いい関係の中でいい仕事をする」というのが私のモットーです。

男と女に限らず、人間は、ペアを組んで生きていくことで幸せになれる動物ではないかと思います。ひとりではできなくても、二人なら、力を合わせてできることもあるし、どちらかが調子が悪ければ、もう一方が助けてくれます。三人ならなおさら素敵！

1＋1が3にも4にもなるのは、誰かと何かを一緒にしたことのある人なら、よくご存じでしょう。まわりの人を巻きこんで一緒にする仕事では、ひとりでするより内容もよく、喜びも二倍、三倍になるはずです。

子育てに巻きこんだのは夫。送り迎えを夫婦で分担しながら、夜勤や準夜勤のある不規則な仕事と子育てを両立できたのは、やっぱり純粋に子どもがかわいくて、大切な存在だったからでした。夫やまわりの人の協力がなかったら、きっと根を上げていたでしょう。

女性が人間として成長したいと思うとき、パートナーを含め、人間関係に恵まれる必要のあることを、身をもって知った思いです。

北風より太陽になろう

イソップの寓話に、旅人のコートをどちらが先に脱がせることができるか競争する「北風と太陽」の話があります。冷たい北風がピューピュー吹きつけてもけっしてコートを脱がなかった旅人が、太陽がぽかぽかと照らし始めると、あっけないほど簡単にコートを脱いでしまう、あのお話です。

暖かい人間関係がつくれる女の人には、こんなふうに、いつのまにか相手を自分のペースに巻きこんでしまう人がたくさんいます。

女性の権利を正面から主張したがる人は、このようなやり方を手ぬるい、と思うかもしれません。でも、「思い通りにコトを進めたほうが勝ち」という、実質的な立場からすれば、相手にケンカを売ってもつまらないと思います。

それに何であれ、人を動かすことに成功したら、それがきっかけとなって、お互いの関係を少しずつ変化させることにつながっていきます。

他人ばかり変えようとせず、自分のアプローチを少し工夫するだけで、相手の態度も変わり、前より素敵な関係になることを、私は経験から知っています。

相手が男の人であれ、女の人であれ、みなさんが太陽のように人と接することができたら、誰とでも素敵な関係をつくることができると思います。

いつでも夢を

私は、五十歳を過ぎた今でも、自分のことを「夢みる乙女」みたいだと思うことがあります。いろんなことに、しょっちゅう感動しているし、人とのおつきあいが楽しくてしかたがないので、退屈しないのです。

精神年齢十九歳って感じ。（ちなみに私の骨年齢は十九歳よ！）

素晴らしい人間関係に恵まれているからこそ、好きなことができるのだとも思います。四十歳以降は、十年単位で自分なりに目標を設定してきました。

まず五十歳までは、私なりに学問を究《きわ》めることを目標としました。

大学卒業を四十六歳でクリア。次いで修士号取得も四十八歳でクリア。そして、縁あって現在、大学の教授職につきました。

もちろん今も大きな夢があります。子どもをもつ女性のために、ショップ、レストラン、クリニックを完備した「バースセンター」をつくりたいとか、シルバー世代の素敵なサロンとして「シルバーセンター」をつくりたいなどと思っています。

誰かと夢を追いかけることができれば、もっと素敵ですね。

若さには賞味期限があるかもしれませんが、私には、年を重ねることは、心の財産を増やすことになると思えてなりません。そして、女であることを、存分に楽しんで、これからもたくさんの感動経験を積み重ねていくつもりです。

私は、世の中に存在するたくさんのペアを、女性が上手にリードしていくことができれば、少しずついろんなことを変えていけると思っています。

むずかしい、と思うでしょうか。

いいえ、できるはず、と私は確信しています。

なぜなら、人間の生命のはじまりは、すべて女だったのですから。

そして、男よりも女のほうが、本来強い存在だということは、ひとつの生物学的事実なのですから。

たくさんの悩める乙女たちが、自分の性と堂々と向き合って、生き生きとした「私」モードで、素敵な女性へと成長していかれることを、女として少し長く生きている者として、心から願わずにはいられません。

あとがき

私は、助産婦という職業柄、また二十年以上助産婦教育に携わってきたこともあり、セクシュアリティを研究テーマとしています。

性は、人間の根本をなす大切なもので、性教育は人間教育であるとさえいわれます。人間が大好きな私は、性のすばらしさ、大切さを、これまで自分なりに若い人に伝えてきました。

それでも、最近の性情報の氾濫の中で、若者の多くが、セックスを早く経験することはよいことだと、単純に思いこんでいる現実を目にして、危機感をもちました。

セックスを経験するのは、もっとあとでいいのです。

むしろ、自分というものがきちんと確立されてから経験するセックスのほうが、どれほど人生を豊かにしてくれるか、はかりしれません。

若い日は、人生に一度きりしかありません。みずみずしい生命の躍動感――それは、年とともに確実に失われていきます――も、豊かな感性――多くの大人は感動を忘れていきます――も、今を逃《のが》したら、みなさんの手から、こぼれ落ちていってしまいます。

そんな貴重な時期を、感動とはほど遠い「快楽の性」を追い求めて過ごすなんて、人生の無駄づかいではないでしょうか。心の栄養をとることのほうが大切だと、私は思います。

素敵な自分になれば、素敵な人と出会い、人生を生き生きしたものにしてくれる、素敵なセックスとも、必ず出会うことができる——それが、この本のメッセージです。

昨夏、「性感染症や人工妊娠中絶について、若い人向けのわかりやすい本をつくりたい」と、インターメディカルの斉藤秀朗社長にお話したところ、編集者の重松伸枝さんをご紹介いただきました。彼女との二人三脚で、この本は誕生しました。

人生は、たくさんの出会いがつくってくれるものだと、この本でも書きましたが、重松さんと私の、ペアのエネルギーが、本づくりの原動力となりました。

素敵なイラストを描いてくれたのは安富佐織さん。

トリオのエネルギーは、ペアよりもっと大きなものになりました。

人生は、素晴らしいもの。生きる価値のあるものです。その大切な要素として、誰もが自分の性と出会い、いいおつきあいをしながら、大人になっていってほしいと思います。

心地よい秋風の中で

平成十二年九月　著者

・避妊の方法

避妊法には、精子を膣に入れないコンドーム、膣内で精子を殺す殺精子剤のほか、排卵を抑制するピル、子宮内への避妊具の装着、不妊手術などがある。

不妊手術以外で避妊失敗率が一番少ないのはピル、以下が、子宮内への避妊具装着、コンドーム、殺精子剤の順となっている。

なお、基礎体温測定やオギノ式で予想される排卵日を避けて性交する方法や、膣外射精での避妊は、失敗率が高い。

・人工妊娠中絶の害

通常、人工妊娠中絶は、母体への影響を最低限にとどめるために、妊娠三ヵ月以内に手術を行うが、中絶手術により、身体的、精神的な害を残すことがある。

身体的な害としては、手術のさいに子宮が傷つけられることがあるほか、手術後の月経異常、不妊、習慣性の流産、子宮外妊娠などのように、将来的に深刻な被害がある。

精神的な障害も同様に深刻で、中絶後、不安心身症になったり、セックスに対する嫌悪感が生じ、カップルの関係がそこなわれるなど、心理的な後遺症が残ることも多い。

・性感染症の症状と予防

性感染症は、かつての性病とちがい、一見症状のないものが増えているため、知らないうちにパートナーにうつしていたり、いつのまにか、自分のからだをむしばむことがある。とくに女性のクラミジア感染症では、将来の不妊や流産のおそれがある。感染がわかったら、必ずパートナーと一緒に治療すべきである。

性感染症の防止には、コンドーム使用の徹底と、パートナーをひとりに限定することである。

・生理（月経）のメカニズム

女性のからだでは､脳と卵巣の間で交互にホルモンを出しながら、ほぼ月に一度、卵巣から卵子がひとつ排卵される。

まず、脳の下垂体《かすいたい》から卵胞刺激《らんほうしげき》ホルモンが分泌されると、卵巣の中で卵子を抱いた卵砲が成長し、エストロゲンを分泌して、子宮内膜を厚くやわらかくする。

次に脳は、血液中のエストロゲン濃度を感知して、卵胞刺激ホルモンの分泌を止め、黄体化ホルモンを出す。それを受けて成熟卵砲《せいじゅくらんほう》は、排卵するとともに、みずからが黄体となって、子宮にプロゲステロンを届け、さらに妊娠に備えさせる。

生理は、受精がなかった場合に、子宮内膜がはがれ落ちて、血液とともに膣へと流れ出す現象で､10歳前後から15歳の女性にはじめての月経（初経）が訪れる。

生理は女性の心や体調を反映しており、健康な女性では、一定の周期をもって起きる。周期に乱れがある場合は、治療が必要なこともある。

・妊娠のメカニズム

体長約0.06ミリで、極端に長いしっぽがついたおたまじゃくし状の精子は、性交時、１回の射精で約３億個放出され、膣から子宮に入り、一時間半から十数時間かけて、長さ11センチほどの卵管の端に到達し、卵子を待ちうける。

卵管は、卵巣から排卵された卵子をすいとり、子宮まで運ぶ管であるが、ここに到着した精子約６千個のうち、卵子までたどり着くのは100個しかなく、その中から選ばれた１個の精子が、直径約0.2ミリの卵子の中にもぐりこみ受精卵をつくる。

受精卵は、卵管の道を３～４日かけて子宮まで進みながら、分裂をくり返して成長し、やがて子宮内膜に着床すると、妊娠が成立する。

性の必修科目（87ページ）の解答

・男女の外性器の特徴

男女の外性器の形は、74ページの図の通り。男性の外性器としては、排尿と射精とを行うペニスがある。射精は、睾丸（精巣）でつくられた精子が、性交時にペニス先端の尿道口から排泄されることである。

女性の外性器には、膣口と尿道口、クリトリスをとり囲む小陰唇《しょういんしん》の外に大陰唇《だいいんしん》があり、肛門と膣の間に会陰《えいん》がある。大陰唇から会陰にかけてを外陰部《がいいんぶ》と呼ぶ。

膣にペニスを挿入して行う性交によって、受精・妊娠し、子宮内で胎児が成長すると、やがて膣を通して出産される。

・思春期における男女の性機能の発達

11～12歳をこえる頃、男女ともに、第二次性徴がみられる。下腹部や脇の下の発毛は共通で、男子では、射精を経験し、精巣から男性ホルモンが活発に分泌され、ニキビ、ヒゲ、のどぼとけなどが目立つようになる。精子は、1日に約1億個製造され、時々射精によって体外に放出される。女子では、生理（月経）の始まりとともに、卵巣機能が成熟し、女性ホルモンの分泌によって、女性らしい丸みをおびたからだつきになる。

・勃起のメカニズム

男性の勃起は、視覚、聴覚、嗅覚、想像などの刺激が脳へ送られたさいに、視床下部《ししょうかぶ》から指令が出て起きるものと、ふれられるなど単純な機械的刺激で立つ脊髄反射《せきずいはんしゃ》の勃起がある。

健康な男性では、睡眠中にも、90分に一度の勃起がみられる。過度にリラックスしていたり、満腹の時には、勃起は起こらない。糖尿病や心臓病など、勃起を阻害する病気がある場合、精神的ストレスや疲労、過度の緊張がある場合も、勃起しない。

勃起は、男性の健康状態や心理状態と大きく関わっている。

	男　　性	
その他の症状・妊娠時の影響	かゆみ	痛　み
不妊・流産の可能性あり 分娩時に新生児肺炎・結膜炎		排尿時、尿道に痛み
新生児に感染		排尿時、尿道に痛み
発熱。体力低下時に再発も。 新生児ヘルペスで死亡の可能性あり		亀頭部に水ぶくれ
	ペニス・肛門にイボ。ひどい場合カリフラワー状に。	
膀胱炎		排尿時不快感
リンパの腫れ、全身の皮膚に発疹、 口内粘膜の炎症、内臓・脳の病気 流産、早産の原因になる。 先天性梅毒児。	亀頭部	
ほとんど無症状だが、2～8週間後に風邪に似た症状が出ることも。免疫力低下により抵抗力が落ちるにつれ、発熱、下痢、体重減少のほか、重い感染症にかかりやすくなる。胎児への感染。		

主な性感染症とその症状

病　名 （感染源／潜伏期間）	女　性		
	おりものの変化	かゆみ	痛　み
性器クラミジア感染症 （クラミジア・トラコマチス／2～3週間）	増える 黄色・悪臭		下腹部 （子宮頸管・卵管）
淋菌感染症 （淋菌／1～2週間）	増える 黄色・悪臭	目	下腹部 （子宮頸管）・のど
性器ヘルペス感染症 （ヘルペスウイルス／2～7週間）	増える 黄色・悪臭		外陰部・肛門に水ぶくれ
尖形コンジローム （ヒトパピローマウイルス／数週間から2～3ヵ月）		外陰部・肛門にイボ	
トリコモナス症 （腟トリコモナス）	増える 黄色・泡状	腟・外陰部	
性器カンジダ症 （カンジダ）	増える 酒かす状	腟・外陰部	
梅毒 （梅毒トレポネーマ・パリダム）		外陰部がただれる、肛門にイボ	
エイズ （ヒト免疫不全ウイルス）			

Ｉモードの乙女たち
——らぶ♥にまつわるヒミツとキケン

2000年10月24日　　第1刷発行
著　者　　さいとうますこ
発行者　　斉藤 秀朗
発行所　　株式会社　インターメディカル
〒113−0033 東京都文京区本郷2−29−3
TEL (03)5802−5801　FAX (03)5802−5806
URL http://www.intermed.co.jp/
印刷製本　　三報社印刷株式会社

Printed in Japan　ISBN4-900828-13-0

にこにこ病院読本――自己責任時代の患者学　奈良信雄 著

生活習慣病が蔓延する現代、健康管理は自己責任である。かかりつけ医を持ち、病院を使い分けることをはじめ、症状別見きわめ法と賢い病院活用の知恵を授けるガイドブック。定価(本体1500円＋税)

乙女心と拒食症――やせは心の安全地帯　鈴木眞理 著

軽い気持ちでダイエットを始め、いつしか食べ物を受けつけなくなる若い女性が増えている。大人への移行期に生じる拒食症。その治療法と、乙女年齢の心と体を内科医が解説。(本体1600円＋税)

へんてこな贈り物　誤解されやすいあなたに――注意欠陥・多動性障害とのつきあい方
E・M・ハロウェル、J・J・レイティー著　司馬理英子 訳

気が散りやすくて、だらしなくて、怒りっぽくて、いつも誰かを困らせている――そんな人にこそきっとある、天からの贈り物！　AD(H)Dを描いたアメリカのベストセラー。(本体2000円＋税)

ジャンさんの「英語の頭」をつくる本――センスのいい科学論文のために
ジャン・プレゲンズ 著

英文ライティングは異文化コミュニケーションである。在日20年の著者が、日本語と英語の発想・論理・ニュアンスにおける「ちがい」を知ることの大切さをやさしく解説。(本体1714円＋税)

未来免疫学――あなたは「顆粒球人間」か「リンパ球人間」か　安保　徹 著

「晴れた日に虫垂炎が多発する」――突然訪ねてきた外科医・福田さんのひとことから、著者と二人の共同研究が始まった。異色の免疫学者・安保徹教授の目からウロコの免疫論。(本体1810円＋税)　[日本図書館協会選定図書]

科学を計る――ガーフィールドとインパクト・ファクター　窪田輝蔵 著

科学の進歩を支える研究論文。今まで計られることのなかった研究成果を、文献の引用と被引用の関係から評価し、インパクト・ファクターとからめて科学の構造の解明に迫る。(本体1942円＋税)　[日本図書館協会選定図書]

したい放題――ある解剖学者の我流自画像　小林　繁 著

自らが癌にかかり、遺稿集として用意したエッセイが、形見となってしまった。名物教授シゲさんのしたい放題の生涯と、愛してやまなかった絵と版画を散りばめた珠玉の一冊。(本体1524円＋税)